FÜR CLÉMENCE UND LARA,
ZWEI ECHTE PFERDEFREUNDE

FÜR HÉLÈNE UND CLAUDINE,
DIE SICH FÜR DIESES BUCH
SO ENGAGIERT „IN TRAB
GESETZT“ HABEN.

S. L.

Die Autorin und Éditions Milan danken dem Ponyklub Salles-Sud aus Beaumont-sur-Lèze, Éliane und Bernard, der Reitlehrerin Marie-Jo sowie den jungen Reiterinnen, die ihre Erfahrungen und ihre Begeisterung mit uns geteilt haben. Nicht zu vergessen: Ein Dankeschön an die Pferde und Ponys, die uns mit großer Geduld ihre Geheimnisse anvertraut haben und die alle Reiterinnen tagtäglich unendlich glücklich machen.

Wir danken den Geschäften Decathlon und Ibero Import sowie „Cheval d´Aventure“ für ihre freundliche Mitarbeit, ebenso allen, die zum Entstehen und Gelingen dieses Buches beigetragen haben.

DIE FRANZÖSISCHE ORIGINALAUSGABE
ERSCHIEN UNTER DEM TITEL
„À CHEVAL LES FILLES!“ BEI MILAN.

300, RUE LÉON-JOULIN
31101 TOULOUSE CEDEX 9, FRANCE
WWW.EDITIONSMILAN.COM

AUS DEM FRANZÖSISCHEN
VON PETRA PIRWITZ-ENGLER

FACHLICHE PRÜFUNG DER DEUTSCHEN AUSGABE:
MARTINA RÖDL

1. AUFLAGE 2005

ISBN 3-401-45230-4
PRINTED IN ITALY

www.arena-verlag.de

Stéphanie Ledu

So macht Reiten Spass

Alles rund ums Pferd

Reiten, Pflege, Spiele

Illustrationen
von Cécile Hudrisier

Ensslin

Hallo, ich bin Lisa!

Ich liebe Pferde! Du auch, stimmt's?!
Ich habe beschlossen ihre Welt zu erkunden,
ihre Geschichte kennen zu lernen und ihren „Fußstapfen"
zu folgen, perfekt reiten zu lernen,
sie zu verstehen und sie zu pflegen …
Hast du Lust, mir und meinen Freunden
dabei zuzuschauen und mitzumachen?
Prima, dann folge uns! Hier geht's lang!

REITERIN IM HERBST

EIN WINTER IN DER REITHALL

AUSRITTE IM FRÜHLING

SOMMERRITTE

Sie traben dir schon seit einiger Zeit im Kopf herum, klar! Aber erinnerst du dich an den Tag, als deine Liebe zu den Pferden begann?

VON PFERDEN UND MÄDCHEN

Weißt du, wie viele Pferde auf der ganzen Welt leben? Ungefähr 61 Millionen! In Europa sind es zehn Millionen, davon ca. eine Million Pferde und Ponys in Deutschland! In Deutschland reiten etwa 1 700 000 Menschen regelmäßig – 85 Prozent davon (anders gesagt: mehr als acht von zehn) sind Frauen und Mädchen!

REITERIN IM HERBST

Es ist dein Lieblingstier – das schönste auf der Welt! Aber du hast genug davon, es nur aus der Ferne zu bewundern. Jetzt möchtest du endlich reiten lernen und deine Freizeit mit ihm verbringen. Wer weiss, wohin dich dieses neue Abenteuer führt!?

Hurra!
Morgen schreibe ich mich im Reitverein in Maiental ein!
Endlich werde ich mit wehenden Haaren galoppieren, mit meinem Pferd auf Tour gehen und unter freiem Himmel schlafen!
Nun gut, vielleicht nicht sofort …
Gerade habe ich mein Buch übers Reiten aufgeschlagen. Umwerfend, wie viele Dinge man wissen muss, um ein Indianer zu werden!

WILLKOMMEN!

EIN REITKLUB ODER -VEREIN IST DER PERFEKTE ORT, UM DEINER LEIDENSCHAFT NACHZUGEHEN UND SIE MIT ANDEREN ZU TEILEN. SEI NICHT SCHÜCHTERN: GEH ÜBER DIE SCHWELLE EINES VEREINS UND BETRETE DAS REICH DER PFERDE!

Lass dich führen!

In Deutschland gibt es rund 7 330 Reit- und Fahrvereine. Sie sind natürlich nicht alle völlig gleich, jedoch ähnlich aufgebaut.

Die **REITHALLE** hat ein Dach: Praktisch, wenn es regnet! Die Reitschüler haben hier auch öfter Unterricht.

Wähle einen Reitverein aus!

„Ich würde so gerne reiten ..."
Super, deine Eltern haben Ja gesagt!
Doch wie findet man den richtigen Reitstall?
Erkundige dich bei deinen Freundinnen:
Manche reiten ja vielleicht schon. Wenn du ein paar Adressen gesammelt hast, schnappe dir das Telefon und versuche einen Termin zu bekommen.
Tipp: Suche dir einen günstigen Tag aus, an dem viele Aktivitäten geboten werden!

Die Pferde wohnen im **STALL**, in Boxen oder in Laufställen. In den milden Jahreszeiten können sie auch Tag und Nacht auf der Weide leben.

MACHE DICH MIT DEM REITLEHRER ODER DER REITLEHRERIN VERTRAUT!

Aufmerksam verfolgen sie eure Fortschritte und bringen euch bei euch um die Pferde zu kümmern. Geduldig machen sie euch Mut und antworten auf Fragen. Sie geben nicht nur Unterricht, sondern kümmern sich auch um die Gymnastizierung und Pflege der Vereinspferde ...
Zeige, dass du dich freust ihre Schülerin zu sein!

VERWIRKLICHE DEINE WÜNSCHE!

Später einmal einer Voltigiergruppe angehören, an Springturnieren teilnehmen … Das ist dein Traum! Also suche dir gleich zu Beginn einen Reitverein aus, der diese besonderen Schwerpunkte fördert.

LISAS TAGEBUCH

Erste Neuigkeit: Ich werde kein PFERD reiten, sondern ein PONY! Und stellt euch vor, es handelt sich um ein und dasselbe Tier! Eine reine Frage der Größe: Ein Pony hat ein Stockmaß (Höhe des Widerristes) von höchstens 1,48 Metern. Liegt das Stockmaß darüber, hat man es mit einem Pferd zu tun. Und bei drei Metern sagt man Giraffe …!

DER WIDERRIST BEFINDET SICH HIER!

Heute scheint die Sonne: Die Reitstunde findet auf dem **REITPLATZ**, also im Freien statt. Das ist eine große, geschlossene und mit Sand bedeckte Fläche.

Die wichtigsten Fragen:

Zögere nicht …
- an einer Probestunde teilzunehmen.
- nachzufragen, wie viele Schüler pro Reitstunde mitmachen (höchstens sechs – das ist ideal!).

Überlege dir …
- ob der Reitverein nahe genug an deinem Zuhause ist; bei zu weiten Anfahrtswegen gibt man schnell auf.
- ob der Preis der Reitstunden für deine Eltern okay ist.

Die **SATTELKAMMER** ist immer gut aufgeräumt. Jedes Pferd hat sein Geschirr (Sattel und Zaumzeug), das mit seinem Namen versehen ist.

Das ist der Empfangsbereich. Vor jeder Reitstunde kannst du dem schwarzen Brett entnehmen, welches Pferd dir der Reitlehrer zugeteilt hat.

Spiele Detektiv!

Sehen die Pferde gesund aus? Wirken sie ausgeglichen? Sind die Boxen sauber? Ja? Dann bist du in einem guten Reitstall. Verschaffe dir jetzt einen Eindruck von der Atmosphäre, die du vorfindest. Bedenke, dass du dort viel Zeit verbringen möchtest, und wähle deshalb den Verein aus, der dir am sympathischsten erscheint!

EIN HEFT VOLLER IDEEN

DEIN LEBEN IST EIN ABENTEUER… UND PFERDE GEHÖREN VON JETZT AN DAZU! WIE WÄRE ES, WENN DU DEINE REIT-ERLEBNISSE IN EINEM HEFT FESTHIELTEST? DAS IST GANZ LEICHT UND DAUERT GAR NICHT LANGE.

WOZU EIN HEFT?

- Um zu notieren, was du nach und nach gelernt hast. So erscheint dir der Unterricht einfacher. Fantastisch!
- Möchtest du irgendwann deine Reitabzeichen machen, kannst du zuvor in aller Ruhe das Wichtige nachlesen.
- Erstaunlich, wie schnell man vergisst: Später wirst du dich freuen, wenn du deinen Werdegang als Reiterin nachvollziehen kannst.

Eine Wucht: der Umschlag!

Damit du Lust hast, dein „Reitertagebuch" oft aufzuschlagen, musst du ihm erst einmal ein tolles Outfit verpassen.

COLLAGE

Schneide einige Pferdebilder aus und klebe sie zu einem hübschen Bild zusammen.

GRAFIK

Fang mit dem Hintergrund an, indem du farbige Rechtecke aufklebst. Nun brauchst du Pferdesilhouetten aus schwarzem Tonpapier. Die Buchstaben kannst du ganz bunt machen.

Praktisches Nachschlagewerk

Verflixt, wo ist nur die Adresse meines Reitvereins? Vergiss das Suchen! Du findest sie auf der ersten Seite deines Heftes.

DENKE DARAN, FOTOS VOM STALL, VON FREUNDEN, DENEN DU DORT BEGEGNEST, UND VON DEN PFERDEN ZU SCHIESSEN. UND SCHREIBE PFIFFIGE KOMMENTARE DAZU!

TAUSCHT EURE TELEFONNUMMERN AUS! DAS IST PRAKTISCH, UM GEMEINSAME ANFAHRTEN MIT FREUNDINNEN ZU ORGANISIEREN ODER UM SIE ZUM GEBURTSTAG EINZULADEN!

Der Unterricht

Das geht ruck, zuck! Sobald du vom Reiten nach Hause kommst, mache Notizen! Damit du das Gelernte besser behalten kannst, gib dir Mühe, alles hübsch aufzuzeichnen!

UM DICH LEICHTER ZU ERINNERN, SOLLTEST DU KLEINE SKIZZEN MACHEN!

KLEINE ANEKDOTEN UND GESCHICHTEN VOM REITVEREIN ... DU WIRST SIE NICHT VERGESSEN, WENN DU SIE AUFSCHREIBST.

DU WILLST FORTSCHRITTE MACHEN? DANN SETZE DIR ZIELE, SOWOHL IN DER PRAXIS ALS AUCH IN DER THEORIE. LEGE EIN GENAUES DATUM FEST UND NIMM DIR VOR DICH DARAN ZU HALTEN!

NOCH MEHR TRICKS

Lass deine Fantasie Purzelbäume schlagen: Es wimmelt nur so von guten Ideen für dein Heft! Hier ein paar Anregungen – die anderen darfst du selbst finden.

„Deine Mähne ist die wogende Wolke des Südens, die in den Lüften schwebt."
(Omaja, arabischer Dichter)

EIN SATZ ODER EIN ZITAT, DAS DICH ZUM TRÄUMEN BRINGT, EIN GEDICHT ... ODER EINE SCHÖNE PFERDEGESCHICHTE, DIE DU DIR AUSGEDACHT HAST!

Deine bevorzugten Rassen: Letzte Woche warst du noch hin und weg angesichts des schönen LUSITANO ... Diese Woche bevorzugst du das WELSH-PONY! Suche von beiden ein schönes Foto und liste kurz ihre Besonderheiten auf.

KRITZELEIEN UND KUNSTWERKE: SAMMLE SIE IN DEINEM HEFT, UM SIE BESTAUNEN ZU LASSEN – ODER EINFACH ALS ANDENKEN!

DEIN HEFT IST FERTIG? BRAVO! DU KANNST STOLZ AUF DICH SEIN – UND EIN NEUES ANFANGEN!

HAST DU MICH AUCH GUT ANGESCHAUT?

DIE HIPPOLOGIE IST DIE LEHRE VOM PFERD. DAS TRIFFT SICH GUT! ICH, DAS PFERD, LIEBE ES, WENN MAN MICH BEWUNDERT … VOR ALLEM WENN MAN DABEI DIE RICHTIGEN WORTE FINDET.

ICH BIN WIRKLICH EINZIGARTIG …

Außer durch mein Fell unterscheide ich mich durch folgende Details von den anderen:

- Die weiße Zeichnung am Kopf: Der Fleck auf dem Nasenbein heißt „Blesse".
- Die „Beinzeichnungen": meine weißen „Strümpfe".

Pass auf, was du sagst!

„Es hat große Pfoten …" „Seine Schnauze ist weit offen …" Redest du etwa von mir??? Auweia! Vergiss nicht, dass meine Körperteile präzise Namen haben, die du als gute Reiterin kennen solltest. Genau wie du habe auch ich Beine – keine Pfoten! Ich habe Schultern, Knie, Unterschenkel und Unterarme!

HAST DU MEIN LÄCHELN GESEHEN? ICH HABE 40 (EHER GELBLICHE) ZÄHNE, DIE NIE AUFHÖREN ZU WACHSEN.

AN DER ABNUTZUNG MEINER SCHNEIDEZÄHNE (DIE VORDEREN ZÄHNE) KANN MAN MEIN ALTER SCHÄTZEN.

SCHÖNHEITS-KANON

Du liebst mich und du findest mich schön! Das ist nett! In Wirklichkeit ist die Angelegenheit nicht so einfach. Um offiziell als „schönes" Pferd zu gelten, muss ich den Normen meiner Rasse genügen und an meine „Arbeit" angepasst sein: an das Rennen, wenn ich ein Rennpferd bin, an schwere Arbeit, wenn ich ein Zugpferd bin.

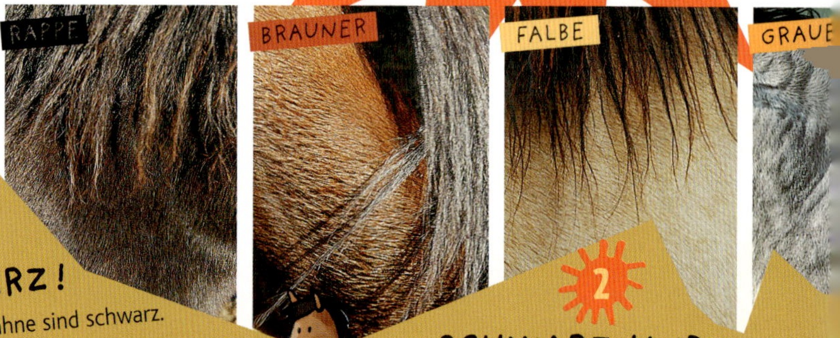

Stippvisite in meiner Garderobe

Mein Kleid ist die Farbe meines Fells und meiner Mähne. Menschen haben eine offizielle Klassifizierung in vier Grundfamilien erfunden, die du dir merken musst. Achtung, es ist ein wenig kompliziert!

1 GANZ SCHWARZ!

Das Fell und die Mähne sind schwarz. Einfach, aber eher selten!

2 SCHWARZ UND …

Das ist die Familie der „Braunen". Die Mähne und der untere Teil der Beine sind schwarz. Das Fell ist entweder …

rötlich braun : „Brauner".

gelb : „Falbe".

grau : „Mausgrauer".

3 OHNE SCHWARZE MÄHNE

Auch hier gibt es Namensunterschiede, je nach Farbe:

rotbraun, rotbraune Mähne : „Fuchs".

gelbes Fell, cremefarbene Mähne : „Palomino".

gelbes Fell, gelbe Mähne : „Isabell".

4 SONSTIGE FAMILIEN

Hierzu gehören alle Pferde, bei denen man die Grundfarbe des Fells nicht bestimmen kann, z. B. die Schecken, die mit großen weißen Flecken übersät sind.

LISAS PFERD

DER APPALOOSA

Im 18. Jahrhundert haben die Indianer vom Stamm der Nez Percé, die am Ufer des Flusses Palouse im Nordwesten Amerikas lebten, gefleckte Pferde ausgewählt und gezüchtet. Sehr praktisch, um Verwechslungen zu vermeiden: Jede Fellzeichnung ist anders!

EIN SENSIBELCHEN WIE ICH

MEINE SINNE SIND VIEL BESSER ENTWICKELT ALS DEINE. WARUM? WEIL ICH IN FREIER WILDBAHN EINE LEICHTE BEUTE BIN UND NUR AUF MEINE AUGEN, MEINE OHREN UND MEINE NASE ZÄHLEN KANN, UM GEFAHR ZU WITTERN!

ICH SEHE NICHT GRÖSSER …

Unter allen Landsäugetieren habe ich die größten Augen: Ihr Durchmesser beträgt bis zu 5,5 cm – das ist fast so groß wie ein Tennisball! Allerdings sehe ich die Dinge trotzdem nicht größer als du!

Ich habe dich gesehen!

Ich sehe alles gleichzeitig: das Gras, das ich gerade fresse, wie auch den Horizont, den ich beobachte … Immer bin ich in Hab-Acht-Stellung. Meine Aufmerksamkeit wird durch Bewegung und neue Dinge geweckt. Und in der Dämmerung sehe ich besser als du.

MUSKULÖSE OHREN

Meine Ohren sind in fast alle Richtungen beweglich. Ich kann sogar mit einem Ohr nach vorne hören, während ich mit dem anderen nach hinten lausche. Außerdem sind meine Ohren hervorragende Schalltrichter. Dass ich so viel besser hören kann als du, hat allerdings einen Nachteil: Sehr laute, überraschende Geräusche tun mir regelrecht weh. Denk daran!

LISAS TAGEBUCH

DER ESEL

Okay, er ist kein Pferd, aber er ähnelt seinem Vetter. Die enorm beweglichen Ohren sind regelrechte Antennen. Ansonsten ist der Esel gar nicht so ein Sturkopf, wie man immer denkt: Er ist lieb und intelligent. Ich bin direkt verliebt in ihn!

Panoramablick

Du hast die Augen auf der Vorderseite des Kopfes. Meine Augen liegen weiter seitlich. Das verschafft mir quasi eine Rundumschau (360°) – bis auf zwei tote Winkel: Einer liegt unter meiner Nase, der andere hinter meinem Schweif. Wenn du auf meinem Rücken sitzt, sehe ich somit jede deiner Handbewegungen. Also bitte keine ruckartigen Bewegungen: Die jagen mir nämlich einen entsetzlichen Schreck ein!

LESEGERÄT FÜR GERÜCHE

Ich lebe in einer Welt von Gerüchen, die dir völlig unbekannt sind. An deinem Schweißgeruch kann ich deine Angst „riechen"! Mit der Nase im Wind kann ich einen Feind, Nahrung oder sogar Wasserstellen in kilometerweiter Entfernung ausmachen.

WONACH RIECHT DAS?

Den Hals gestreckt, die Oberlippe hochgewölbt – so zieht dieser Hengst die Luft ein: Er hat den eigentümlichen Geruch einer rossenden Stute gerochen. Diese besondere Grimasse nennt man „Flehmen". Pferde flehmen auch, wenn sie einen neuen Geruch wahrnehmen.

GUTER GERUCH, PRIMA GESCHMACK

Erst schnuppere ich, dann wird analysiert … Die Nase sagt mir, ob eine Pflanze schmeckt oder nicht. Wie du unterscheide ich vier Geschmacksrichtungen: bitter, sauer, salzig, süß – mit einer Vorliebe für die letztere!

KITZELIG AN DEN BARTHAAREN

Eine Fliege setzt sich auf meinen Rücken? Hopp, ich ziehe den richtigen Muskel zusammen, um sie zu vertreiben! Natürlich habe ich keine Hände. Aber meine Lippen und vor allem meine Vibrissen, also die langen Barthaare, die sich am Ende meiner Nase befinden, erlauben mir alles „abzutasten".
Ich warne dich: Schneide diese Haare niemals ab!

EXPERTEN-TIPP

NASENKUSS

Um sich genauer kennen zu lernen, beschnuppern sich zwei Pferde. Jedes wird sich sein Leben lang an den Geruch des anderen erinnern! Dein Pferd erkennt dich auf die gleiche Art: Um es zu begrüßen, blase ihm vorsichtig in die Nüstern.

KOMM, HAB KEINE ANGST!

BEIM ERSTEN MAL BIST DU BEEINDRUCKT: ES IST SO RIESENGROSS, DIESES PFERD! KEINE BANGE: WENN DU EHRLICH UND FREUNDLICH AUF ES ZUGEHST, WIRD ES DIR SCHNELL SEIN VERTRAUEN SCHENKEN UND DU IHM AUCH.

Ich will dich holen!

Dein Pferd steht auf der Weide? Bleibe zunächst hinter der Umzäunung und rufe nach ihm. Es hat dich gesehen? Dann betrete die Weide, gehe ruhig, mit dem Halfter in der Hand auf dein Pferd zu und sprich weiterhin mit ihm.

Wenn du bei ihm angekommen bist, strecke ihm deine Hand hin, damit es deinen Geruch aufnehmen kann, und streichle es über den Widerrist. Dann lege ihm das Halfter an.

ANNÄHERUNG IN DER BOX

Das Rezept ist das gleiche wie auf der Weide: Bleibe vor allem ruhig! Wenn du das Pferd hinten „umrunden" musst, behalte eine Hand auf der Kruppe. So verhinderst du, dass es ausschlägt.

ICH FANGE DICH

Um dein Pferd zu führen, musst du ihm ein am Führstrick befestigtes Halfter anlegen. Schau, es ist ganz einfach!

1 Stelle dich in Kopfhöhe auf die linke Seite deines Pferdes. Halte das Halfter am oberen Teil des Backenriemens fest und ziehe den Nasenriemen über seine Nase, bis zur Mitte des Nasenrückens.

2 Mit deiner rechten Hand ziehe das Genickstück vorsichtig über die Ohren.

3 Schnalle das Genickstück auf der linken Seite zu.

Los geht's!

Halte den Führstrick in der rechten Hand nahe am Halfter und das Ende mit der linken Hand. Wenn er zu lang ist, mache eine Schlaufe. Achtung, rolle ihn nie um deine Hand! Sollte dein Pferd mal ruckartig ziehen, könntest du dir sehr wehtun. Stelle dich auf die linke Seite deines Pferdes, ein wenig vor seine Schulter. Laufe im Gleichschritt und gib auf den Weg Acht!

ACHTUNG – Verhaltensregeln

Regel Nr. 1: Man nähert sich einem Pferd niemals von hinten. Es könnte ausschlagen!

Regel Nr. 2: Selbst wenn du dich sehr auf das Wiedersehen freust, renne nicht, schreie nicht und vermeide abrupte Bewegungen!

Regel Nr. 3: Wenn du zornig oder aufgeregt bist, beruhige dich, bevor du dich deinem Pferd näherst.

DER RICHTIGE KNOTEN

Du musst dein Pferd festbinden, um es vor der Reitstunde zu striegeln oder auch um es aufzuzäumen. Aber nicht irgendwie! Übe regelmäßig den „Sicherheitsknoten". Er ist mit nur einer Hand leicht zu öffnen.

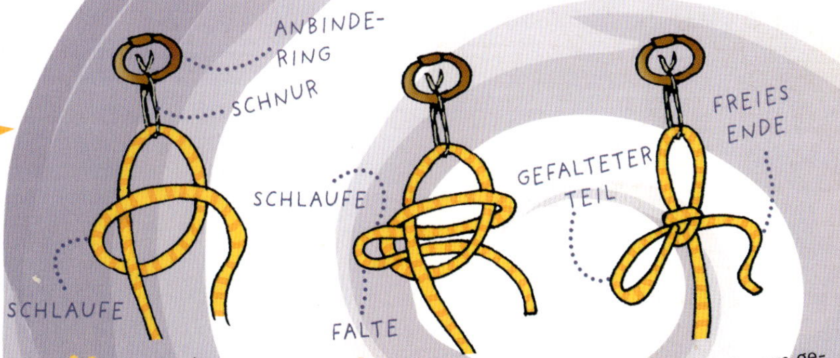

1. Führe den Führstrick durch den Anbindering. Führe ihn zurück, indem du eine Schlaufe machst.
2. Knicke das freie Ende des Führstricks. Führe ihn durch den Teil, der das Pferd hält, und dann durch die Schlaufe.
3. Ziehe am geknickten Ende. Um den Knoten aufzumachen, ziehe am freien Ende.

FLUCHTVERSUCH

Wenn ein Pferd Angst hat, während es angebunden ist, zieht es nach hinten weg: Instinktiv versucht es, zu fliehen! Dabei kann es sich verletzen. Dein Pferd ist nervös? Mache seinen Führstrick nicht direkt am Befestigungsring fest, sondern an einer Schnur, die im Notfall reißt.

VOKABULAR – DAS HALFTER

LISAS TAGEBUCH

Amigo hätte eher Wirbelwind heißen müssen: Unmöglich, in seine Nähe zu kommen! Sobald ich einen Schritt in seine Richtung gemacht habe (ganz vorsichtig), schoss er auf die gegenüberliegende Seite der Weide! Zum Glück kam die Reitlehrerin mit einer Karotte. Dem konnte das Leckermaul natürlich nicht widerstehen. Das nächste Mal stecke ich eine in jede Tasche!

EXPERTIN IM VERWÖHNEN

VIELE PFERDE SCHWITZEN UND MACHEN SICH SCHMUTZIG (SO WIE DU). ES IST DEINE AUFGABE, DICH UM IHRE PFLEGE ZU KÜMMERN. VERWÖHNE SIE REGELMÄSSIG, INDEM DU SIE GRÜNDLICH PUTZT: DIE STREICHELEINHEITEN TUN IHNEN GUT!

2 Um den Schmutz, den der Striegel gelockert hat, mit der Fell- und Mähnenbürste zu entfernen, bürste das Fell gründlich mit dem Strich.

FELL- UND MÄHNENBÜRSTE

Viiielen Dank!

Die meisten Pferde entspannen sich, wenn man sie pflegt. Wahrscheinlich gefällt es auch deinem Pferd unendlich gut! Das ist die ideale Gelegenheit, zu überprüfen, ob ihm nichts fehlt. Außerdem stärken diese Augenblicke des Wohlbehagens eure Freundschaft.

1 Der Striegel wird benutzt, um Schmutz und abgestorbene Haare zu entfernen. Führe kreisförmige Bewegungen aus. Meide den Kopf und die Gelenke!

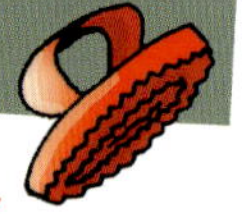

STRIEGEL

Dusche gefällig?

Nur wenn es heiß ist, wird geduscht. Dein Pferd kann sich nämlich erkälten! Vorsicht, es mag weder einen zu harten Strahl noch zu kaltes Wasser oder Spritzer in Augen, Ohren, Nüstern.

WIE BEHILFT ES SICH IN FREIER NATUR?

Indem es sich an Bäumen reibt, entfernt es abgestorbene Zellen und kleine Zweigchen aus seinem Fell.

Andere Lösung: sich im Staub wälzen …

Unmöglich, sich selbst den Rücken zu kratzen: Man arrangiert sich unter Freunden!

LISAS TAGEBUCH

Oh Mann, heute Morgen haben wir gelernt die Ponys zu putzen! Ich war dabei, Tornado mit dem Striegel zu reinigen, als die Lehrerin mich ansprach: „Ist gut, Lisa, jetzt die Kardätsche!“ Ohne zu überlegen, habe ich geantwortet: „Ich kann aber keine Grätsche!“ Und alle haben sich kaputtgelacht. Mann, wie peinlich!

KARDÄTSCHE

Um ihm den letzten Schliff zu geben, glätte das Fell. 3

4 Dann verleihe ihm Glanz mit einem feuchten Staubtuch.

STAUBTUCH

5 Letzte Phase: Augen und Nüstern mit einem feuchten Schwamm abwischen.

SCHWAMM

Pflege seine Langhaare!

Mähne

Um Knoten zu vermeiden, entwirre sie regelmäßig mit einem Kamm.

Schweif

Säubere ihn mit der Fell- und Mähnenbürste, verlese ihn dann mit der Hand oder mithilfe einer Kardätsche.

Bis zu den Hufen

Unter seinen Hufen sammeln sich Erde und Steinchen. Also: Hufkratzen nie vergessen!

ZU VERMEIDENDER BEREICH

ZU SÄUBERNDER BEREICH

DEIN INSTRUMENT: DER HUFKRATZER

Drehe dich mit dem Rücken zu seinem Kopf, führe deine Hand bis zur Fessel und bitte dann dein Pferd den Huf zu heben: Kratze ihn immer von hinten nach vorne aus.

VORSICHT, MANCHE TEILE SEINES FUSSES SIND EMPFINDLICH!

PORTRÄT

PFERDEWIRT

Seine Aufgabe ist es, die Pferde zu verwöhnen. Er füttert, pflegt und putzt sie, und er kümmert sich um die Sauberkeit der Ställe. Gibt es auch Pferdewirtinnen? Ja, doch sie müssen kräftig und ausdauernd sein, denn es ist kein leichter Beruf.

STRAHLEND SCHÖNE REITERIN

EIN HELM AUS SAMT UND REITSTIEFEL AUS LEDER: VON DIESER AUSSTATTUNG TRÄUMST DU. EIN HELM IST UNBEDINGT ERFORDERLICH! WAS DEN REST BETRIFFT, STÖBERE ERST MAL IN DEINEM KLEIDERSCHRANK.

Der wahre Luxus ist der Komfort

Dieser **REITHELM** hat eine sehr stabile Schale und ist mit Samt bezogen.

Die **REITHOSE** ist dehnbar und an den Innenseiten der Knie verstärkt.

Mit **BOOTS** getragen, schützen **CHAPSLETTEN**, eine Art Gamaschen, die Waden vor Prellungen.

Dieser **SICHERHEITSREITHELM** bietet im Fall eines Sturzes noch mehr Schutz! Außerdem hat er ein breiteres Schild, das dich besser vor Sonne und Regen schützt.

EIN FREUNDSCHAFTLICHER RAT
Möchtest du lieber mit deiner Lieblingshose reiten, vermeide Jeans mit dicken Nähten: Vorsicht vor Hautreizungen!

ES IST NICHT WISSENSCHAFTLICH ERWIESEN, ABER ES IST ERPROBT: JE ELEGANTER DU DICH FÜHLST, DESTO SICHERER FÜHLST DU DICH …

REITSTIEFELN aus Gummi macht Schlamm nichts aus. Ihr Absatz verhindert, dass der Fuß durch den Steigbügel rutscht.

Von Anfang an unverzichtbar: die **REITGERTE**, mit der du dir schon fast wie eine Reiterin vorkommst.

SUCHE DIR EIN NETTES OBERTEIL AUS!

UND WAS KOSTET DAS?

Für eine Probestunde kann dir der Reitverein die Ausrüstung leihen. Sobald du dich einschreibst, musst du einen Helm (ab 30 €), Stiefel (ab 20 €) und eine Reitgerte (ab 5 €) kaufen. Denke daran, dass du das meiste wieder neu kaufen musst, falls du noch wächst.

Zubehör

Nicht unbedingt erforderlich, aber angenehm!

Spezielle Handschuhe
Ihre rutschfesten Innenflächen verhindern, dass dir die Zügel durch die Hände gleiten.

Wärmendes Oberteil
Ein zu enges Kleidungsstück ist hinderlich. Die Lösung: eine gefütterte, ärmellose Weste, die dich in deinen Bewegungen nicht behindert.

KEINE HAARSTRÄHNE IM VISIER!

Das ist eine Frage der Sicherheit: Beim Reiten müssen Mädchen ihre Mähne bändigen …

Originell: dreifacher Zopf
Flicht deine Haare zu drei Zöpfen, und flicht diese dann wiederum zu einem einzigen Zopf.

Witzig: flotte Knoten
Scheitle deine Haare und flicht zwei Zöpfe. Rolle jeden Zopf zu einer Schnecke und befestige ihn am Haaransatz mit einem elastischen Band.

Klassisch und schick

Solltest du eines Tages an einem Spring- oder Dressurturnier teilnehmen, musst du folgendermaßen angezogen sein: blaues oder schwarzes Jackett, weißes Hemd, Handschuhe; beigefarbene Reithose, Reitstiefel.

FRANSEN UND KAROS, HALSTUCH UND HUT: DIE COWGIRLS SIND BEREIT FÜR DEN WETTKAMPF IM WESTERNSTIL. YIPPIEYEAH!

Triff die richtige Wahl bei deinem Reithelm!

- Er muss der europäischen Sicherheitsnorm genügen.
- Um die richtige Größe herauszufinden, setze ihn auf, ohne ihn festzubinden, bewege deinen Kopf hin und her … Er bewegt sich nicht? Perfekt!
- Kaufe den Reithelm nicht secondhand – er könnte Stöße abbekommen haben.

KEINE ANDERE IST SO WIE ICH

Um deinem Helm eine persönliche Note zu geben, dekoriere ihn nach folgenden Ideen … oder erfinde andere!

LÄNDLICH

Ländlich
Schneide Blätter und Blumen aus selbstklebendem Buntpapier aus und klebe sie auf den Helm.

SIGNIERT

Signiert
Schreibe deinen Vornamen in fetzigen Buchstaben mit spezieller Stofffarbe.

Art déco
Klebe farbige Bänder zu geometrischen Figuren.

ART DÉCO

SATTELN UND AUFZÄUMEN

DEIN PFERD BLITZT VOR SAUBERKEIT? HÖCHSTE ZEIT, ES ZU SATTELN UND ZU TRENSEN, DAS HEISST, ES MIT SATTEL UND ZAUMZEUG ZU VERSEHEN, UM ES ZU REITEN. UNTERRICHT IN BILDERN!

ALLES IM GRIFF

- Damit die Zügel nicht auf dem Boden schleifen, trage die Trense über der Schulter. Ansonsten: Achtung vor Beschädigung des Leders und ... vor Stürzen!
- Trage den Sattel auf dem Unterarm, den Vorderzwiesel in der Armbeuge, den Gurt über den Sitz gelegt. So bleibt deine andere Hand frei!

Sattle dein Pferd

1 Lege die Satteldecke ein wenig oberhalb der Stelle auf, wo sie eigentlich hingehört.

Zäume dein Pferd auf

1 Öffne das Halfter, lege und schließe es wieder um den Pferdehals: So bleibt dein Pferd angebunden. Führe die Zügel über den Hals.

2 Biete deinem Pferd das Mundstück an. Es will das Maul nicht aufmachen? Führe deinen Daumen in seine Mundwinkel. Keine Bange, an dieser Stelle hat es keine Zähne!

3 Führe das Genickstück über ein Ohr, dann über das andere (vorsichtig!) und lege den Schopf vor den Stirnriemen.

2 Lege den Sattel (ebenfalls etwas oberhalb) auf die Satteldecke. Rücke dann beide an die richtige Stelle. Hebe die Satteldecke in Höhe des Ristes leicht an.

3 Gehe auf die rechte Seite des Pferdes und lasse den Sattelgurt herunterhängen. Gehe auf die linke Seite zurück, greife unter dem Bauch nach dem Gurt und schließe die Gurtschnallen unter dem Sattelblatt.

4 Befestige den Nasenriemen.

PASSE DEN KEHLRIEMEN AN: EINE HANDBREIT MUSS NOCH DURCHPASSEN.

WELCHE REIHENFOLGE?

Ist dein Pferd angebunden, kannst du mit dem Satteln anfangen. Doch Achtung: Sattle es niemals in der Box! Befindet es sich in seiner Box oder draußen, lege ihm erst ein Stallhalfter um. Warum? Weil es nicht davonlaufen kann, wenn du es hältst. Und manche Schlingel wälzen sich liebend gerne auf dem Boden, sobald sie gesattelt sind!

5 Schließe den Kehlriemen.

HINAUF IN DEN SATTEL!

DER GROSSE AUGENBLICK IST GEKOMMEN: DU BIST BEREIT, DEIN PFERD EBENFALLS, ALSO MACHE DAS LETZTE CHECK-UP – UND FERTIG!

Allez hopp!

Sei nett zu deinem Pferd: Mache dich leicht, um seinen Rücken zu schonen!

1 Halte mit deiner linken Hand die Zügel kurz und greife mit der Hand in die Mähne. (Das tut ihm nicht weh!)

2 Steige mit dem linken Fuß zu einem Drittel in den Steigbügel.

3 Fasse den Hinterzwiesel (der hintere erhöhte Teil des Sattels) mit der rechten Hand und stoße dich mit dem rechten Bein ab.

Links aufsteigen – warum?

Früher waren die Reiter oft Soldaten. Sie trugen ihren Degen auf der linken Seite. Es war somit unmöglich, mit einem Degen, der über der Kruppe baumelte, das Pferd von rechts zu besteigen. Aus Gewohnheit ist man dann dabei geblieben, von links aufzusteigen. Was den Rest betrifft (Halfter anlegen, an der Hand führen, aufzäumen, satteln): Das hat praktische Gründe. Gewohnheiten beruhigen das Pferd. Deswegen gehen wir immer von links auf es zu.

NACHGURTEN!

Gurtest du dein Pferd an, dann bläst es aus Reflex seinen Bauch auf. Nach und nach lässt es die Luft wieder heraus. Um zu vermeiden, dass der Sattel rutscht, musst du vor dem Aufsitzen nachgurten.

4 Hopp! Führe dein rechtes Bein über die Kruppe deines Pferdes, so hoch, dass du es nicht berührst!

5 Und schon bist du im Sattel …

INFO

OHNE SATTEL!

Reiten ohne Sattel – das ist die älteste Art, zu reiten. Es erscheint dir waghalsig? Richtig, du hast weniger Stützen. Aber du spürst auch viel besser die Bewegungen deines Pferdes. Und das ist super!

Ich will runter!

Also gut …

1 Nimm die Zügel in deine linke Hand und geh mit den Füßen aus den Steigbügeln.

2 Lehne dich nach vorne und führe das rechte Bein über die Kruppe, ohne sie zu berühren!

3 Lasse dich heruntergleiten und komme vorsichtig auf dem Boden auf (auf den Fußspitzen, Knie gebeugt)!

LISAS PFERD

DAS SHETLAND-PONY

Es ist der Freund der Anfänger und mein Liebling – ganz klein, aber unheimlich robust: Auf den Shetland-Inseln (im Norden Englands) ist es oft bitterkalt und immer windig. Es wachsen dort so wenige Pflanzen, dass die Ponys manchmal sogar Algen fressen.

Locker und Entspannt

Muskelkater, nein danke!

Mache diese Übungen auch nach deiner Reitstunde. Vorsicht, wenn du einen Muskel dehnst, solltest du eine Spannung fühlen, aber nie Schmerzen! Konzentriere dich und atme gleichmäßig.

Tipps und Kniffe

Trainierst du deine Kondition regelmässig, wirst du dich auf dem Pferd wohler fühlen und deinen Sitz verbessern. Also bewege dich!

Aufwärmphase

Bereite deine Muskeln vor dem Reiten auf die Anstrengung vor, vor allem die Beine. Zeitaufwand: genau drei Minuten und zehn Sekunden!

Vorderseite der Oberschenkel

Stehe aufrecht, Beine geschlossen. Nimm deinen rechten Fuß in deine linke Hand und beuge das Bein, indem du den Fuß nach oben ziehst. Dasselbe mit dem linken Bein, jeweils 30 Sekunden.

Rückseite der Oberschenkel

Strecke ein Bein nach vorne, beuge das andere nach hinten. Beuge den Oberkörper über das ausgestreckte Bein, mach dabei aber keinen „Buckel“. Wechsle nach 20 Sekunden die Seite.

Die Adduktoren

(Muskeln auf der Innenseite der Beine)

Beuge ein Bein und setze die Handflächen links und rechts davon auf den Fußboden. Strecke das andere Bein so weit wie möglich aus, die Innenseite des Fußes auf dem Boden. 30 Sekunden für jedes Bein.

Die Fussgelenke

Stelle dich aufrecht auf eine Treppenstufe, indem du die Fußballen aufsetzt. Hebe und senke die Fersen bei gestreckten Beinen ungefähr 30 Sekunden lang.

Lisas Tagebuch

Am Sonntag war ich bei meinem Onkel Jakob, der ist Arzt. Er meinte, ich solle weitere Sportarten üben, wenn ich Fortschritte beim Reiten machen will: Schwimmen zur Muskelkräftigung, Joggen als Ausdauertraining, Rollerfahren, um mein Gleichgewicht zu schulen …
Hej Onkel, kommst du mit mir zum Training?

Gymnastik zu Pferde

Es gibt unendlich viele Übungen: Sie entspannen dich vor der Reitstunde und zeigen dir, dass du noch mehr Talent hast, dich auf dem Pferd zu halten, als du geglaubt hast! Zuerst machst du sie auf dem ruhig stehenden Pferd, dann im Schritt, dann im Trab …

Freihändig: den Oberkörper drehen, Arme waagerecht.

Beruhige dein Pferd

Nichts ist besser als ein paar kleine Runden im Schritt: am Anfang der Reitstunde, um es aufzuwärmen, und am Ende der Stunde (15–20 Min. lang), damit sich sein Atem normalisiert und seine Muskeln entspannen.

Lehne dich nach hinten, berühre den Schweif deines Pferdes mit einer Hand, dann mit der anderen, ohne jemals die Beine anzuheben.

Beuge dich nach vorne, streichle dein Pferd unten an der Schulter, erst auf einer Seite, dann auf der anderen.

Hebe beide Oberschenkel hoch, ohne deinen Oberkörper zu bewegen, und halte das Gleichgewicht.

KEINE BANGE, NICHTS PASSIERT!

Ein Sturz – das kommt bei allen Reitern vor. Damit möglichst wenig passiert, versuche herunterzugleiten und geschmeidig auf dem Boden aufzukommen, wenn möglich „rollend". Und steige sofort wieder auf, um dein Missgeschick zu vergessen.

Pferde-Gymnastik

Was für eine Anstrengung, einen Reiter auf dem Rücken zu tragen! Um die Kondition des Pferdes zu gymnastizieren, lässt man es an der Longe arbeiten. Durch die Stimme und die Longierpeitsche ermutigt, läuft es in den drei Gangarten im Kreis – eine Methode, die auch zur Dressur und beim Voltigieren benutzt wird und die man nicht so einfach aus dem Ärmel schütteln kann. Möchtest du es versuchen? Schau erst zu und dann bitte eine erfahrene Person dich anzuleiten.

IM SCHRITT

KONZENTRATION

- Die Hilfen werden gleichzeitig gegeben. Mach dir keine Sorgen, wenn es am Anfang nicht gleich richtig klappt: Das geht allen Reitern so.
- Du musst auch eine Hilfe einzeln geben können.
- Gib nach (tue nichts mehr), sobald das Pferd deinen Anweisungen folgt.

GALOPPIEREN – DAS KOMMT ERST SPÄTER! ZUERST MUSST DU LERNEN DEIN PFERD IN DER LANGSAMSTEN GANGART ZU LENKEN, DEM SCHRITT.

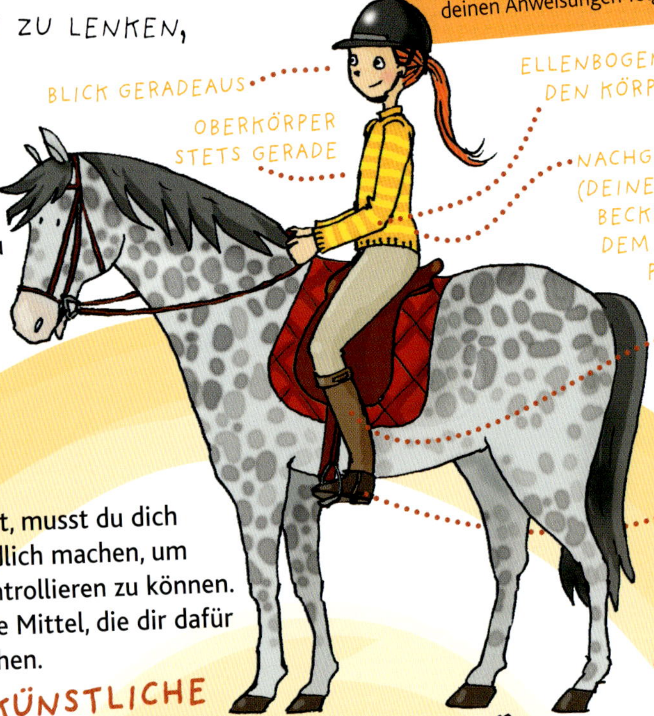

Der korrekte Sitz

„Ein guter Sitz" bedeutet: jederzeit fest im Sattel zu sitzen, ohne sich an den Zügeln zu halten. Dazu musst du die richtige Haltung einnehmen und dein Gleichgewicht trainieren – in jeder Gangart. Je öfter du reitest, desto wohler wirst du dich fühlen!

Was sind Hilfen?

Sobald du im Sattel sitzt, musst du dich deinem Pferd verständlich machen, um es dirigieren und kontrollieren zu können. Die „Hilfen" sind die Mittel, die dir dafür zur Verfügung stehen.

KÜNSTLICHE HILFEN

- Die **Reitgerte** hilft dir mehr Aufmerksamkeit deines Pferdes zu erhalten – aber nicht irgendwie! Lasse es dir von deinem Reitlehrer zeigen!
- Die **Sporen** sind sehr erfahrenen Reitern vorbehalten.

NATÜRLICHE HILFEN

- Dein **Körpergewicht** gibt ihm wichtige Informationen. Du kannst es mehr auf die eine oder andere Seite verlagern, nach vorne oder nach hinten, je nach deiner **Körperstellung**.
- Die **Hände** helfen seinen Schwung zu kontrollieren und die Richtung anzugeben, die es nehmen soll.
- Wenn du die **Beine** an seine Flanken drückst, tritt das Pferd an oder wird schneller. Man sagt dazu „treiben".
- Vergiss deine **Stimme** nicht! Sanfte Worte, wenn du mit ihm zufrieden bist, nüchterne Töne, falls es nicht hört.

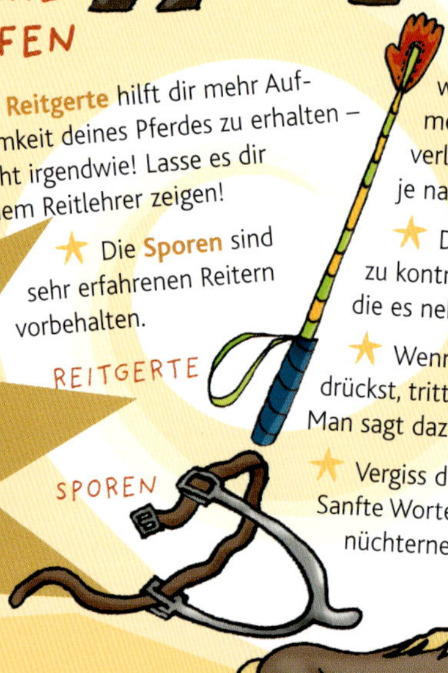

LEICHT DURCHGESCHÜTTELT?

Wenn dein Pferd das erste Mal losläuft, fühlst du dich ein wenig durchgeschüttelt. Ganz normal! Im Schritt sind die schaukelnden Bewegungen seiner Wirbelsäule und das Wiegen seines Halses sehr ausgeprägt. Bleibe entspannt!

1-2-3-4, 1-2-3-4…

Im Schritt setzt das Pferd jeden Fuß nacheinander auf: rechte Hinterhand, rechte Vorderhand, linke Hinterhand, linke Vorderhand und so weiter…

Reiterin beim Einsatz

REITE AN UND BESCHLEUNIGE!

- Drücke deine Waden kurz gegen die Flanken deines Pferdes.
- Um zu beschleunigen, drücke erneut deine Waden an und lehne dich leicht nach vorne. So erleichterst du die Hinterhand (Teil des Pferdes hinter dem Sattel), die ihm als „Motor" dient!

ANHALTEN – STOOOPP!

- Setze dich tief in den Sattel, um das Gewicht auf die Hinterhand zu verlagern, und mache eine halbe Parade (schließe die Finger, indem du die Handgelenke leicht einrollst).
- Um anzuhalten, mache eine ganze Parade – auch hier durch Einrollen der Fäuste, nur etwas länger.

ABBIEGEN!

- Hierfür gibt es verschiedene Möglichkeiten. Für den Anfang ist die zweihändige Zügelführung am leichtesten.
- Drehe ein wenig deinen Oberkörper und schau in die Richtung, in die du reiten möchtest.
- Führe die innere Hand in die entsprechende Richtung. Der Ellenbogen bleibt am Körper. Die äußere Hand geht leicht nach vorne.
- Treibe dein Pferd an, damit es in der Ecke nicht langsamer wird.

IM DAMENSITZ

Im Schritt kannst du auch mit einem traditionellen Sattel im Damensitz reiten. Andere Bezugspunkte, andere Eindrücke: Das macht Spaß! Und es ist eine gute Gelegenheit, bei der Aufführung am Jahresende dazu ein hübsches Kleid anzuziehen!

LEICHTE HAND

Du darfst die Zügel nie mit verkrampfter Hand halten. Es ist verboten, zu ziehen: Du könntest deinem Pferd im Maul sehr wehtun!

Haflinger leben bis zu ihrem vierten Lebensjahr in Freiheit in den österreichischen Bergen. Ab Herbst wächst unter ihrem Fell ein dünner Flaum, der mit der Zeit länger und dichter wird. So können sie problemlos monatelang im Schnee verbringen.

ROBUSTE PFERDE

Viele Rassen mussten sich an sehr raue Klimaverhältnisse gewöhnen. Das gilt unter anderem für das norwegische Fjord-Pony, das irische Connemara-Pony, das Camargue-Pferd … Alle diese Pferde haben eine erstaunliche Ausdauer entwickelt und sind sehr robust.

EIN WINTER IN DER REITHALLE

Draussen ist es grau, die Tage sind kurz … Für dich ist das keine schöne Jahreszeit. Deinem Pferd jedoch macht das raue Klima im Winter nicht so viel aus: Wenn man ein Fell hat, das dem eines Plüschtiers ähnelt, leidet man erheblich weniger unter Kälte als unter grosser Hitze.

„Schreck, lass nach!"
Ich habe gefragt: „Was ist mit diesem Pferd passiert?"
„Gar nichts", hat die Reitlehrerin lachend geantwortet, „es wurde nur geschoren, weil es ihm unter seinem Winterfell zu warm war. Und in der Zeit, die es nach der Arbeit zum Trocknen braucht, würde es sich leicht erkälten."
Ach so …
Trotzdem finde ich ein geschorenes Pferd nicht sehr hübsch. Beeilt euch und legt ihm seine Decke wieder auf!

WAS WILLST DU MIR MITTEILEN?

AN DEINEM GESICHTSAUSDRUCK KANN MAN NORMALERWEISE DEINE LAUNE ABLESEN. DAS GLEICHE GILT FÜR PFERDE. IHRE MIMIK ÄNDERT SICH, UND SIE ÄUSSERN SICH DURCH UNTERSCHIEDLICHE VERHALTENSWEISEN UND GERÄUSCHE. PASS GUT AUF!

Es spricht mit seinen Ohren

DU WILLST DOCH NICHTS VON MIR?
Es legt seine Ohren an und zeigt die Zähne: Komm ihm nicht zu nahe, es ist sauer!

HUCH, HILFE!
Die Ohren sind angelegt, die Muskeln verspannt: Es traut der Situation nicht.

NICHTS ZU MELDEN
Unbewegliche und lässige Ohren: Es ist entspannt.

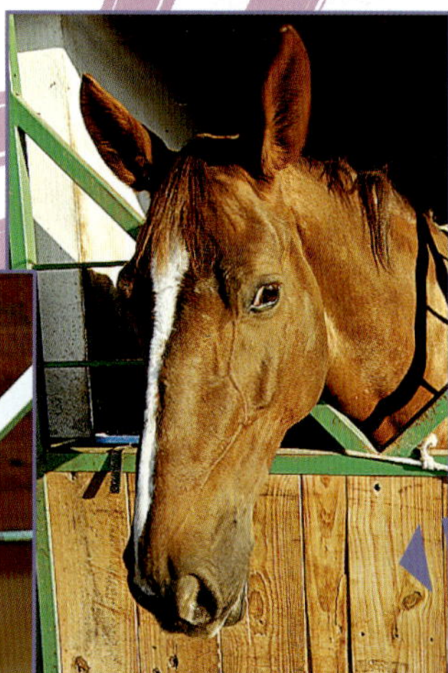

OH, OH, DAS IST MIR NICHT GEHEUER!
Die Ohren sind nach vorne gerichtet und in ständiger Bewegung: Es ist gespannt.

NANU, WAS IST DENN DAS?
Nach vorne gerichtete Ohren: Es ist aufmerksam.

Bespitzle dein Pferd

- Deine Ausrüstung: Fernglas, Notizblock, Bleistift.
- Deine Mission: die Pferde auf der Weide beobachten. Sei unauffällig!
- Dein Ziel: so viele Verhaltensmuster wie möglich beobachten. Pass gut auf: Pferde benutzen gleichzeitig die Körper- und die Ohrensprache!

Es spricht mit seinem Körper

ES WIRD SAUER …

Verärgert schlägt es mit seinem Schweif. Genervt dreht es dem Eindringling zur Einschüchterung seine Kruppe zu. Vorsicht, bald wird es einen Hinterlauf heben, um auszuschlagen!

NICHT STÖREN

Geschlossene Augen, gesenkter Kopf, Hängelippe … – pssst, dein Pferd macht ein Nickerchen! Es schläft im Stehen, etwa drei Stunden pro Tag.

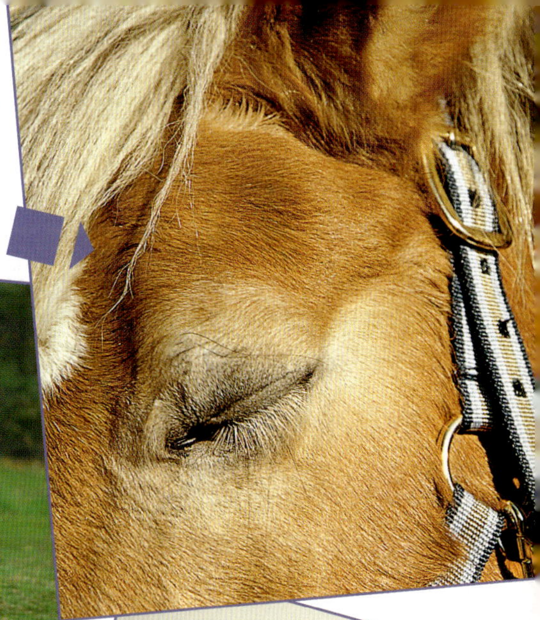

NA, GESCHIEHT BALD WAS?

Es tänzelt auf der Stelle, scharrt mit seinen Hufen: Es ist besorgt – oder es hat einfach Hunger und verlangt ungeduldig nach seiner Haferration!

DAS LEBEN IST SUPER!

Dein Pferd wälzt sich auf dem Boden, steht wieder auf, um dann freudig fortzuspringen … Ein kleiner Spleen, Zeichen seines Wohlbehagens!

Do you speak Pferd?

Gesprächig, das Pferd? Sicher nicht so wie du! In freier Natur sollte es eher diskret sein, um wilde Tiere nicht auf sich aufmerksam zu machen. Man kann jedoch verschiedene Laute unterscheiden:

- WIEHERN: Kann sein, dein Pferd wiehert, wenn du in den Stall kommst. Damit begrüßt es dich. Pferde wiehern manchmal auch, wenn sie auf andere Pferde treffen. Oder sie wiehern, wenn du mit ihnen vom Stall wegreitest und sie von ihren Kameraden trennst. Das Wiehern ist auf weite Entfernung hin hörbar.
- STÖHNEN: Wenn Pferde stöhnen, kann das zweierlei bedeuten: Das Pferd stöhnt aus Wohlbehagen – oder es hat Bauchschmerzen!
- PRUSTEN: Das Pferd atmet heftig aus, es „schnäuzt“ sich gewissermaßen und reinigt so seine Nase vom Staub.

- SCHNAUBEN: Wenn Pferde schnauben, also sehr heftig und stoßweise ausatmen, kann das bedeuten, dass sie Angst haben; auf jeden Fall sind sie aufgeregt.
- QUIEKEN oder QUIETSCHEN: Manchmal stecken zwei Pferde die Köpfe zusammen, beschnuppern sich und geben plötzlich ein recht hohes Quietschen von sich. Achtung, falls du direkt daneben stehst: Es ist ganz schön laut!

LISAS TAGEBUCH

Auweia, hatte ich Angst! Heute habe ich mich irre gefreut, Lutine wieder zu sehen: einen dicken Kuss auf die Schnauze, ein wenig die Mähne gekrault … Und plötzlich dreht sie sich um und knabbert an meinem Arm. „Aua, sie hat mich gekniffen!“ Angeblich brauche ich mir keine Sorgen zu machen: Auf diese Art scheinen Pferde untereinander ihre Zuwendung auszudrücken. Mag ja sein, aber ich bin ein Mädchen! Ich glaube, ich muss ihr mal den Unterschied klarmachen!

VÖLLIG VERRÜCKT

DU ÜBERRASCHST EIN PFERD, WENN ES GERADE EINE KOMISCHE GRIMASSE SCHNEIDET ODER SICH IN EINER WITZIGEN SITUATION BEFINDET: STELL DIR VOR, WAS IN SEINEM KOPF VOR SICH GEHT.

– WAS IST DENN DAS ? KANN MAN DAS ESSEN?
– ANGEBLICH BLITZT ES GANZ GEWALTIG!
– SO? UND WO BLEIBT DER DONNER?

– IGITT, WARUM MÜSSEN WIR GERADE NEBEN DEM MISTHAUFEN MODELL STEHEN?
– WEIL DIE LICHTVERHÄLTNISSE DA AM BESTEN SIND! DU SOLLST LÄCHELN, HAB ICH GESAGT!

KANNST DU DAS AUCH?

– UM FÜR EIN FOTO ZU POSIEREN, MACHT ES SO WIE ICH – SAGT: „CHEESE!“

FOTOS ZUM LACHEN

Ein Schnappschuss – einfach zu schießen, falls du deinen Fotoapparat immer dabeihast! Nutze die Augenblicke, in denen dein Pferd die Zunge herausstreckt, gähnt, sein „Lächeln" entblößt … Beobachte auch die Pferde unter sich, um Streicheleinheiten, Kraulen und ihre Verrücktheiten mitzubekommen.

– STIMMT, ICH HABE DEN WETTBEWERB GEWONNEN. ABER ICH SCHWÖRE, ES IST MIR NICHT ZU KOPF GESTIEGEN!

– NA KOMM SCHON, MAMI, ICH WILL SPIELEN!

– WARUM KANN PEGASUS ABHEBEN UND ICH NICHT?

IM TRAB

DIESE GANGART, SEHR NÜTZLICH IN DER HALLE UND BEIM AUSRITT, FINDEN MANCHE REITER NICHT SEHR BEQUEM. BLEIBE IM RHYTHMUS, UM NICHT WIE EIN PFLAUMENBAUM GESCHÜTTELT ZU WERDEN!

VOM SCHRITT IN DEN TRAB

Um dein Pferd anzutraben, nimm zuerst die Zügel an und treibe mit den Beinen. Gib dann ein wenig mit den Zügeln nach, damit es vorwärts laufen kann. Dein Pferd trabt, indem es abwechselnd seine beiden Diagonalen hebt. Das bringt dich aus dem Gleichgewicht? Um die Stöße aufzufangen, begleite die „Schübe" mit deinem Becken.

Leichttraben

Wie geht das? Den Oberkörper leicht nach vorne gebeugt, hebst du dich beim ersten Schritt aus dem Sattel und setzt dich beim nächsten – und so weiter. Um den richtigen Rhythmus zu finden, übe mit deinem Pferd zuerst im Stand.

WENN DU DAS LEICHTTRABEN MAL BEHERRSCHST, WIRD ES DIR RECHT KOMFORTABEL VORKOMMEN. DAS IST ES AUCH FÜR DEIN PFERD: ERHEBST DU DICH AUS DEM SATTEL, ENTLASTEST DU SEINEN RÜCKEN.

SITZEND … ERHOBEN … SITZEND

VERMEIDE ZU HOPPELN

- Halte den Rücken gerade!
- Erhebe dich und setze dich möglichst vorsichtig wieder in den Sattel!

Auf welcher Hand trabe ich?

Schau dir die Schultern deines Pferdes an: Hebst du dich aus dem Sattel, wenn die rechte Schulter nach vorne geht, trabst du auf der rechten Hand. Das Gleiche gilt für links.

GANGARTEN EINES WILDEN

Warum sich beeilen? In der freien Natur geht das Pferd im Schritt. Es trabt, wenn es größere Distanzen zurücklegen muss, und galoppiert nur bei Gefahr.

KLICK-KLACK, KLICK-KLACK …

Beim Trab bewegt das Pferd abwechselnd seine Diagonalen (Verbindung eines Vorderbeins und des gegenüberliegenden Hinterbeins).

LINKE DIAGONALE (LINKES VORDERBEIN UND RECHTES HINTERBEIN)

VORWÄRTSBEWEGUNG

Aussitzen

Ziel ist es, mit dem Hintern am Sattel zu „kleben“, ohne zu hopsen! Entspanne dein Becken, damit es die Bewegungen des Pferdes auffangen kann. Am besten lernst du das Aussitzen, wenn du ohne Steigbügel reitest. Ausgesessen wird z. B. beim Reiten von Figuren in der Dressur: Versuche es erst dann, wenn du sie im Schritt beherrschst.

VERMEIDE ZU HOPPELN

- Oberkörper aufrecht!
- Bleibe entspannt: Ziehe nicht an den Zügeln und drücke nicht auf die Steigbügel!

LISAS PFERD

DAS ISLAND-PONY

Man nennt es „Pferd der fünf Gangarten“. Außer Schritt, Trab und Galopp kann es Pass und Tölt. Was'n das??? Bewege ich mich auf allen vieren und bringe dabei Arm und Fuß derselben Seite gleichzeitig nach vorne, laufe ich im Passgang. Der Tölt ist wie ein schneller Schritt, bei dem die Beine sehr hoch gehoben werden. Ich habe es im Flur probiert ... und bin prompt auf die Nase gefallen!

TRABRENNEN

Es gibt gerittene Trabrennen. Meist sind die Pferde jedoch vor einen Sulky gespannt, auf dem der Driver sitzt. Das Prinzip ist dasselbe: Das Pferd muss die ganze Strecke trabend zurücklegen, sonst wird es von einem „Gangartenrichter“ disqualifiziert.

SCHLAUFUCHS IN DER REITHALLE

RUHIG UND KONZENTRIERT FÜHRST DU DIE FIGUREN AUS, ACHTEST DABEI AUF DIE HILFEN UND DIE KONTROLLE ÜBER DEIN PFERD. UFF, LANGSAM, ABER SICHER BIST DU MIT DER REITEREI VERTRAUT.

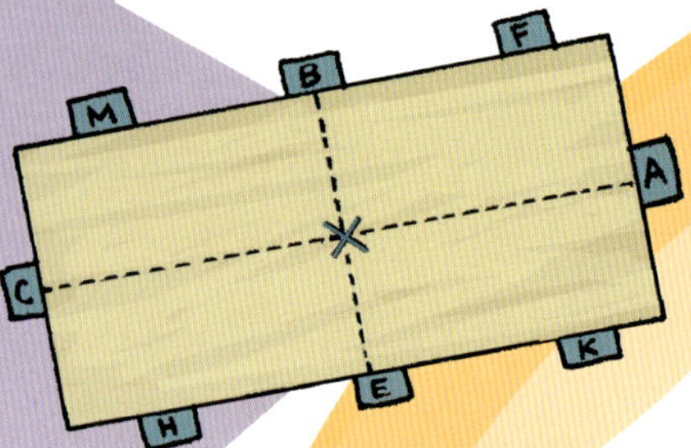

AFBMCHEK

Auswendig lernen! Es sind die Buchstaben, die auf den Banden der Halle stehen und die dir helfen deine Figuren korrekt auszuführen. Das X markiert die Mitte der Halle, ist aber (natürlich) nicht wirklich dort zu finden.

Hufschlagfiguren

Im Theorieunterricht oder während der Reitstunden lernst du die sechs Grundfiguren, die je nach Vorgabe deines Reitlehrers kombiniert werden können.

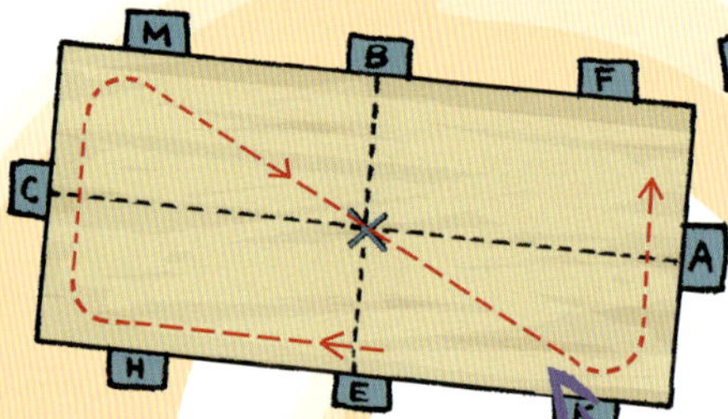

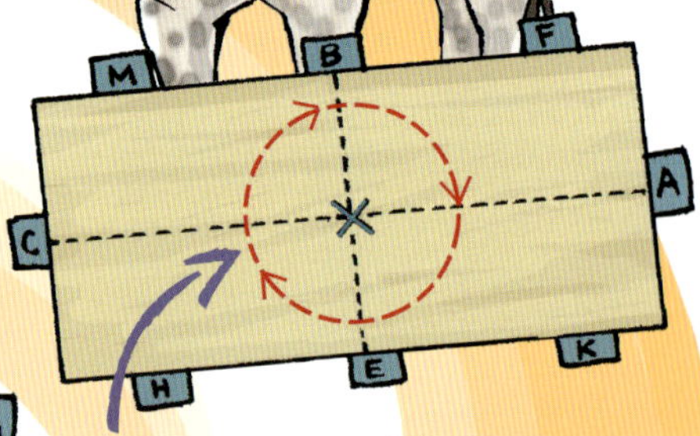

DER ZIRKEL

Sein Durchmesser ist die Breite der Halle. Um dein Pferd auf einem schönen, runden Kreis zu halten, stelle dir gut die Krümmung vor!

DURCH DIE GANZE BAHN WECHSELN

Die Figur ermöglicht es dir, die Hand zu wechseln.

HALBE BAHN

Diese Figur gibt es als halbe und ganze Bahn, mit oder ohne Handwechsel.

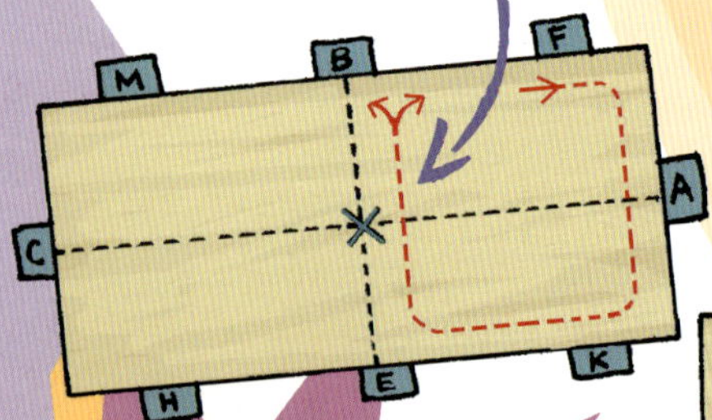

AUS DER ECKE KEHRT

Du beginnst mit einer Volte. Bei der Hälfte angelangt, gehst du schräg zum Hufschlag zurück: Du hast die Hand gewechselt.

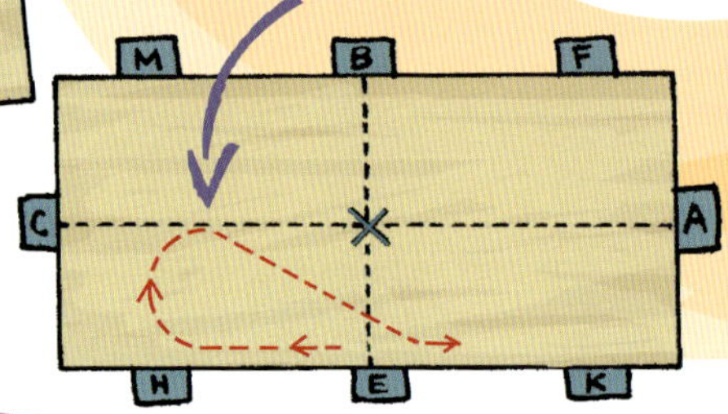

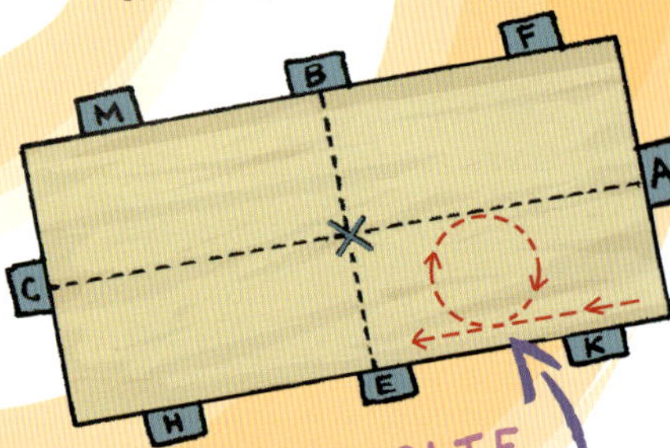

DIE VOLTE

Du verlässt den Hufschlag, reitest einen Kreis und kehrst ohne Handwechsel zu deinem Ausgangspunkt zurück.

HANDWECHSEL

Das bedeutet ganz einfach: die Richtung wechseln. In der Halle arbeitet man in beiden Richtungen. Das ist gut für dich und gut für dein Pferd, damit es nicht müde wird, immer auf derselben Hand zu laufen!

DIE KEHRTVOLTE

Diesmal genau anders herum: Du fängst mit der Schräge an und endest mit einem Halbkreis. Auch hier hast du die Hand gewechselt.

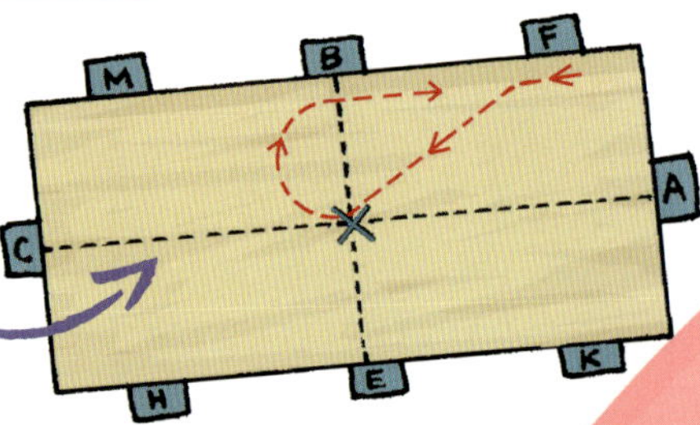

SICHERHEIT – DEINE ZWEITE NATUR!

Ein Dutzend Pferde gleichzeitig in der Bahn – das ist nichts Besonderes. Aber bitte ohne Chaos! Hier die Regeln, die man kennen und beachten muss.

GIB RECHTZEITIG BESCHEID, BEVOR DU DIE BAHN BETRITTST, UND MACH DAS TOR DANN SORGFÄLTIG HINTER DIR ZU!

RECHTE ODER LINKE HAND?

Du reitest auf der rechten Hand, wenn deine rechte Hand in die Mitte der Halle zeigt.

Du reitest auf der linken Hand, wenn deine linke Hand in die Mitte der Halle zeigt.

VOR BEGINN DER REITSTUNDE STELLE DICH MIT DEINEM PFERD NEBEN DIE ANDEREN (IN EINER REIHE) AUF DIE MITTELLINIE DER BAHN, GURTE NACH, PASSE DIE LÄNGE DER STEIGBÜGELRIEMEN AN UND SITZE AUF.

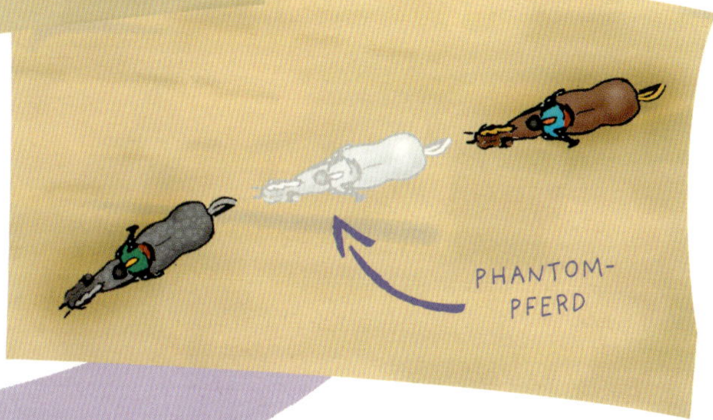

HALTE EINEN ABSTAND VON DREI BIS VIER METERN ZWISCHEN DEINEM PFERD UND DEM PFERD VOR DIR. KLEINE HILFE EINER REITERIN: STELL DIR EIN „PHANTOMPFERD“ ZWISCHEN DEN BEIDEN VOR! REAGIERE, SOBALD DIESER ABSTAND KLEINER WIRD.

Verhaltensregeln in der Halle

Der Reitlehrer kann die Schüler bitten einzeln zu reiten. Die Pferde verteilen sich dabei auf der ganzen Bahn, doch wie im Straßenverkehr läuft man auch hier nicht beliebig herum. Es gibt feste Regeln!

Bei gleicher Gangart hat die Reiterin auf der linken Hand Vorrang.

Gib der Reiterin, die in einer schnelleren Gangart reitet als du, den Hufschlag frei!

GEH IN DIE ECKE!

Ein Schlawiner, dein Pferd …! An den Ecken der Bahn kürzt es gerne ab, um weniger laufen zu müssen. Gehe gegen diese schlechte Angewohnheit vor, indem du es zwingst, gründlich seine „Ecken“ zu laufen!

RENDEZVOUS AUF MÄRKTEN UND MESSEN

DU DENKST STÄNDIG AN PFERDE? GEHE ZU IHNEN: IN HUNDERTEN VON VERANSTALTUNGEN, BEI DENEN SIE JAHREIN, JAHRAUS DIE HAUPTFIGUREN SIND, WARTEN SIE AUF DICH!

SHOPPING FÜR REITERINNEN

Hast du die Wahl zwischen einem einfachen T-Shirt und einem mit einem Pferdekopf vorne drauf, wirst du nicht zögern ... Aber wo gibt es solche tollen Sachen? Auf Pferdemessen! Du kannst dort vielerlei Dinge finden: Schmuck, Schreibwaren, diverse Kleinigkeiten usw. – und warum nicht eine schön bestickte Satteldecke oder ein Spielzeug für dein Pferd?

Auf der Pferdemesse

HAST DU DIE STALLUNGEN GESEHEN?

Ponys, Reitpferde, Zugpferde, Esel ... Du hast noch nie so viele auf einmal erlebt!

PFERDE ALS MANNEQUINS

Ein Schönheits- und Gangarten-Wettbewerb ist eine Augenweide, darüber hinaus sehr nützlich, um die Besten einer Rasse ausfindig zu machen. Sie werden später zur Veredelung der Rasse benutzt!

ICH VERSUCHE ES!

Probiere auch mal andere Disziplinen: ein Gespann fahren oder Reiten im Damensattel ...

TRAUMBERUF

Hier lernst du eine Menge Leute kennen, die mit Pferden arbeiten. Nutze die Chance, ihnen Fragen zu stellen.

Memos in deinem Kalender

★ Alle zwei Jahre findet in Essen die „Equitana – Weltmesse des Pferdesports" statt. Dort sind über 840 Aussteller aus 21 Ländern vertreten. Über 1 000 Pferde der unterschiedlichsten Rassen werden präsentiert, außerdem gibt es ein umfangreiches Rahmenprogramm mit Shows.

★ In Hamburg findet alle zwei Jahre die Ausstellung „Hansepferd Hamburg" statt, mit über 470 interntionalen Ausstellern.

★ Ganz in deiner Nähe: Hole Erkundigungen bei der Deutschen Reiterlichen Vereinigung (FN), den Reisebüros oder deiner Lokalzeitung ein. Einige Homepages bieten eine nach Bundesländern sortierte Auswahl von Veranstaltungen an. Im Equistro-Turnierkalender kannst du z. B. selbst nach Turnieren und Veranstaltungen suchen.

Auf der Pferdeauktion

Welch eine Stimmung! Wenn du vorhast ein Pferd zu kaufen, ist das der richtige Ort, um dich beraten zu lassen und Rassen kennen zu lernen, die du besonders magst.

Traditionelles Fest

Auch in Frankreich hat jede Region ihre Traditionen. Alle zwei Jahre verlässt die Route du poisson („Fischstraße") Boulogne-sur-Mer: Sie erinnert an die Arbeit der zweirädrigen Gespanne, die bis Mitte des 19. Jahrhunderts die Fische innerhalb von 24 Stunden nach Paris brachten.

Zeitreise

Auf in den Kampf! Im Sommer gibt es in vielen Städten Ritter, Troubadoure, Kreuzritter ... Was für ein Ereignis, einem Turnier beizuwohnen!

„Galoppiere" im Internet

Du möchtest alles über deine Lieblingsrasse wissen, für deine Reiterabzeichen lernen, einen Ferienkurs finden? Surfe im Internet! Wo findet man die besten Reiter-Homepages? Informiere dich in Fachzeitschriften, tausche Adressen und Infos mit deinen Freundinnen aus oder suche im Internet!

Lisas Pferd

DAS FALABELLA

Einfach zu süß! 70 cm Stockmaß – es geht mir gerade mal bis zur Taille. Man sagt, ein Argentinier, Herr Falabella, habe die Rasse im 19. Jahrhundert gezüchtet, indem er Shetland-Ponys mit kleinen Vollblütern kreuzte. Angeblich ist es sehr lieb und verspielt. Aber man kann es nicht reiten; es kann allenfalls ein leichtes Wägelchen ziehen.

RAN ANS PUTZZEUG!

Sonne, Regen, Staub, Schlamm, Schweiss ... Das Leder von Sattel und Zaumzeug ist lebendiges Material und hat viele Feinde! Es ist deine Aufgabe, es richtig zu pflegen.

EINE FRAGE DER SICHERHEIT

Ohne Pflege wird Leder schnell hart und brüchig. Resultat: Der Gurt kann die Haut deines Pferdes aufreiben und verletzen, ein Zügel kann plötzlich reißen ... Schnell passieren Unfälle. Übrigens, das Putzen ist eine gute Gelegenheit, den Zustand der Ausrüstung zu überprüfen.

Jedes Mal reinigen

Zwei einfache, aber notwendige Handgriffe für das Wohlbefinden deines Pferdes.

DAS GEBISS

Speichel, Speisereste – wenn du nichts unternimmst, verhärtet das alles und reizt das Pferdemaul. Spüle das Gebiss nach jeder Benutzung mit Wasser ab.

SCHUTZAUSRÜSTUNG

Dein Pferd trägt Gamaschen oder Glocken? Säubere sie unter fließendem Wasser oder in einem großen Wassereimer, um Sand oder Erde zu entfernen – sie könnten sonst auf der Haut deines Pferdes scheuern.

FEUCHTER SCHWAMM

Lisas Tagebuch

„Na, hör mal, Lisa, hast du schon auf deine Füße geguckt?" Hmm ... Die Reitlehrerin hatte Recht: Meine Stulpen waren wirklich ... verdreckt! Also, gleich mal eine Lektion in puncto Sauberkeit: Schmutzige Chapsletten werden mit Sattelseife abgewaschen, bevor man sie einfettet. Ich werde es nicht mehr vergessen – versprochen!

Großputz

Aufwendig? Nicht wenn du einen Großteil der Säuberungsaktion mit Freundinnen organisierst. Das Mädchen, bei dem es am meisten blitzt, hat gewonnen!

DEN SATTEL PUTZEN

1 Entferne den Sattelgurt, die Steigbügelriemen und die Steigbügel.

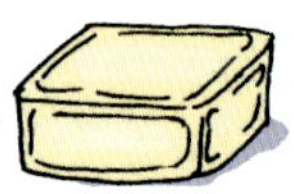

SATTELSEIFE

DIE TRENSE REINIGEN

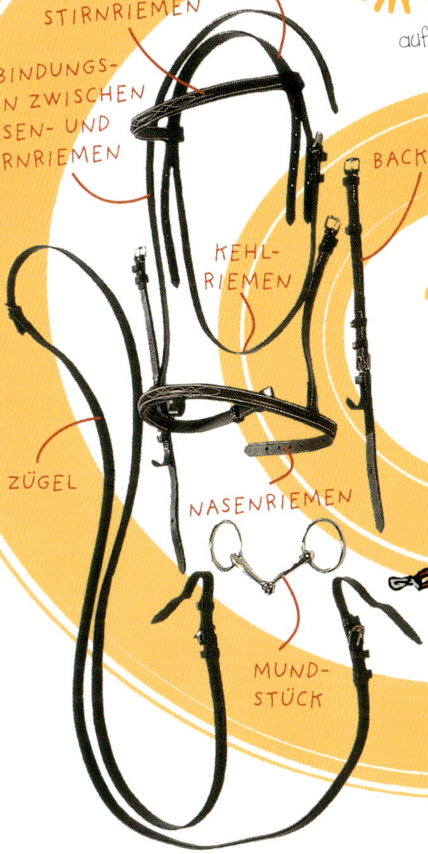

1 Zerlege die Trense. Lege alle Einzelteile auf einen Tisch.

2 Tunke die Seife in warmes Wasser und reibe sie über den feuchten Schwamm. (Es darf nicht schäumen!) Führe jedes Trensenteil durch den in zwei Hälften geknickten Schwamm. Wiederhole es mehrmals für jeden Riemen.

3 Lasse es trocknen und reibe es mit einem pflegenden Fett ein.

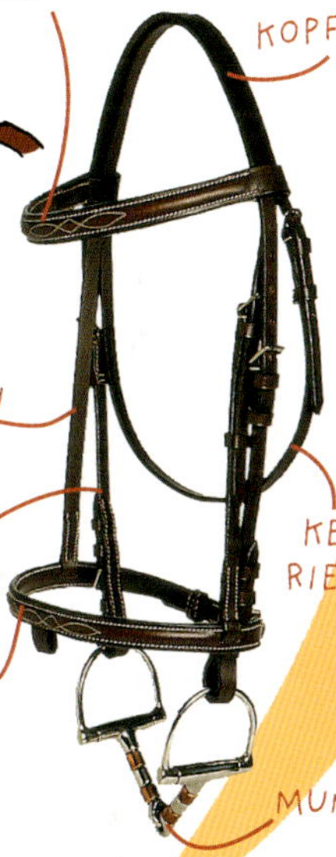

4 Jetzt musst du die Trense nur noch richtig zusammenbauen!

2 Entferne den groben Schmutz mit einem Lappen. Seife den feuchten Schwamm ein und reibe mit kleinen kreisenden Bewegungen.

3 Um den Sattel zu pflegen, reibe ihn gut mit dem Fett ein. Ein weicher Lappen gibt ihm Glanz. Bravo, jetzt ist er wie neu!

4 Wasche die Teile aus Metall mit Wasser ab (Ösen, Schlaufen, Steigbügel) und verleihe ihnen mit einem weichen Lappen Glanz.

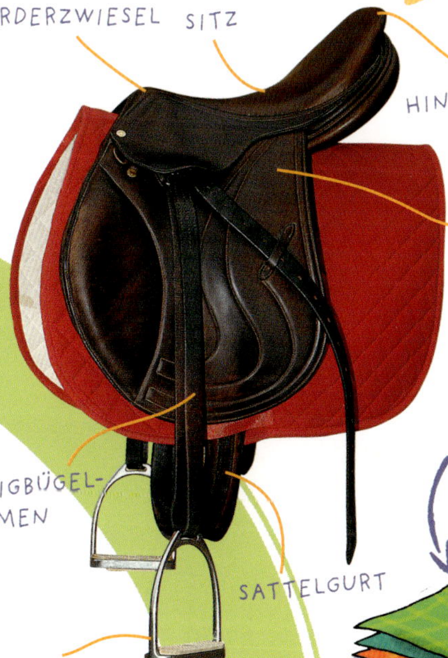

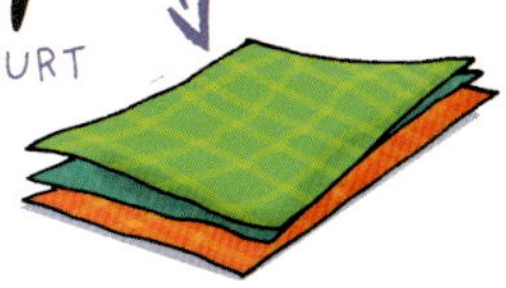

ZEIT FÜR GESCHENKE

BASTLE KLEINE GESCHENKE RUND UMS THEMA „PFERD" UND SCHICKE DEINE GLÜCKWÜNSCHE AUF LUSTIGEN KARTEN IM RENNGALOPP AUF DIE REISE!

FIXIERE DEN KOPF MIT EINEM METALLSTAB AUF DEM HOLZSOCKEL.

EINE REIHE VON ÜBERRASCHUNGEN

1• Schneide einen Papierstreifen aus: 30 cm lang, 12 cm breit.

2• Falte ihn wie abgebildet.

3• Zeichne ein Pferd gemäß Vorlage: Vorsicht, die Reihe hält nur, wenn du an den Falzen einige Verbindungen (Arme, Schwanz o. Ä.) stehen lässt. Schneide sie also nicht durch!

4• Male die Figuren aus und schreibe deine Glückwünsche darauf. Stecke die gefaltete Reihe in ein Briefkuvert.

GLÜCKSBRINGER

1• Modelliere einen Pferdekopf aus Knetmasse.

2• Bedecke ihn mit Streifen aus Zeitungspapier, das du in Tapetenkleister getaucht hast (Pappmachétechnik). Für die Feinheiten benutze Seidenpapier.

3• Sobald er trocken ist, kannst du den Kopf anmalen. Lass dich dabei von deinem Lieblingspferd inspirieren.

FENSTERKARTE

SCHREIBE EINEN KURZEN GRUSS!

1• Suche ein schönes Foto.

2• Schneide eine Karte aus kräftigem Tonkarton aus. Falze sie in der Mitte und klebe das Foto auf die rechte Innenseite.

3• Lege Transparentpapier auf das Foto und wähle einen Ausschnitt (hier: weißes Pferd). Übertrage den Ausschnitt exakt auf die Vorderseite der Karte. Schneide das Fenster aus.

VOILÀ, DAS ERGEBNIS, WENN DIE KARTE GESCHLOSSEN IST!

PFERDE-KUVERT

1• Löse vorsichtig die „Klebenähte" eines (Standard-)Briefkuverts, das dir als Vorlage dient, und falte es auf.

2• Suche eine schöne Seite aus einem Pferdemagazin aus. Übertrage den Umriss der Vorlage. Achte auf die Wahl des Bildausschnitts!

3• Schneide deinen neuen Umschlag aus und falte ihn. Schön, nicht wahr?

DENKE AUCH AN DEIN PFERD!

Lasse uns überlegen …
Was könntest du ihm schenken?

★ Etwas Praktisches: eine neue, wärmere Decke, einen großen Ball, damit es sich entspannt …

★ Leckerli: ein paar Stückchen Zucker, Apfel, Möhre oder eine feine Futterrübe?

★ Ausflug: Es verbringt seinen Winter im Stall? Schenke ihm einen Tag Freiheit, z. B. einen Kurzurlaub auf der Weide.

★ Zuwendung: ausgedehntes Putzen, Streicheleinheiten oder Massage …

LESEZEICHEN

1• Pause diese Vorlage (links) ab oder lasse dich davon inspirieren und male selbst ein Pferd.

2• Benutze kräftigen weißen Karton (300 g/m²) für das Lesezeichen.

3• Verziere es beidseitig.

CLEVER: DAS PFERD HÄLT DIE SEITE MIT SEINEN VORDERBEINEN FEST, UM SIE NICHT ZU VERLIEREN!

BUNT DEKORIERTE PFERDEKUNST

Wenn du gerne bastelst, wähle eine Technik, die du besonders magst – oder backe dir ein Pferd:

1• Windowcolor-Fensterbild: Zeichne mit Bleistift eine Vorlage. Übertrage die Umrisse und Linien mit schwarzer Konturenfarbe auf Folie. Nach dem Trocknen malst du die Flächen ganz bunt mit verschiedenen Windowcolor-Farben aus. Zum Schluss schneidest du das Pferd entlang der äußeren Kontur aus.

2• Pferde-Brosche bzw. Zimmerdeko aus Fimo oder Knetmasse, die im Backofen gehärtet wird. Möglichst bunt gestalten!

3• Mürbteig-Kekse aus 250 g Mehl, 125 g Butter, 65 g Zucker, 1 Ei, 1 Prise Salz. Zutaten kneten, Teig ausrollen, Pferde mit dem Messer „ausschneiden", mit kleinen Nüssen, Rosinen usw. garnieren; dann backen und zum Schluss noch mit Schokolade- und Zuckerguss verzieren.

LEGENDEN UND GRUSELGESCHICHTEN

IM 16. JAHRHUNDERT ERFUHREN DIE SPANISCHEN EROBERER VON INDIANERSTÄMMEN, BEI DENEN AUSSCHLIESSLICH DIE FRAUEN KÄMPFTEN. DARAUFHIN TAUFTEN SIE DAS ZENTRUM DIESES NEUEN KONTINENTS „AMAZONAS".

SIE FLIEGEN DURCH DIE LÜFTE, ÄNDERN IHRE GESTALT NACH BELIEBEN, FÜHREN DIE HELDEN ZUM SIEG ... AUCH PFERDE HABEN IHRE SUPERHELDEN!

Von „wilden" Frauen und Hausmütterchen

Historiker sind der Ansicht, dass es am Ufer des Schwarzen Meeres im 15. Jahrhundert v. Chr. tatsächlich ein Volk von Reiterinnen gab. Vielleicht betrachteten die alten Griechen sie deshalb als „Monster", weil sie sowohl fasziniert als auch empört waren über diese freien Frauen. Ihre eigenen Frauen zu Hause mussten immerhin diskussionslos gehorchen ...

Blutrünstige Reiterinnen

In griechischen Mythen trifft man des Öfteren auf Amazonen. Diese unbarmherzigen Kriegerinnen kämpften zu Pferd. Man sagt, sie schnitten sich sogar die rechte Brust ab, um besser mit Pfeil und Bogen schießen zu können – außerdem, dass sie männliche Babys bei der Geburt töteten ... Ihre besondere, den Frauen vorbehaltene Art zu reiten ist bis in die heutige Zeit überliefert: der Ritt im Amazonen- oder Damensattel.

GLÜCKSBRINGER

Ein Hufeisen muss auf einem Waldweg gefunden werden, die beiden Enden dem Finder zugewandt. Danach nagelt man es an die Haustür: Enden nach oben, damit das Glück nicht hinausfallen oder sich davonstehlen kann. Mal ehrlich: Glaubst du daran?

Leonardos Traum

Stelle dir ein weißes Pferd mit einem langen, gedrehten Horn vor. Im Mittelalter und in der Renaissance war das Einhorn der Inbegriff der Reinheit. War es wirklich unzähmbar? Nicht ganz! Leonardo da Vinci erklärt, wie es geht: „Sobald es eine Jungfrau sieht, nähert sich das Einhorn und schläft an ihrer Brust …"

GÖTTLICHE STALLUNGEN

Pegasus

Zwischen seinen Flügeln versucht der griechische Prinz Bellerophon bis zum Königreich der Götter aufzusteigen. Er wird jedoch abgeworfen und nur Pegasus erreicht den Olymp.

Epona

Diese Göttin, von den Galliern verehrt, wird manchmal als Stute, manchmal als Reiterin dargestellt, und beschützt Haus und Hof.

Sleipnir

Das Pferd Odins galoppiert mit seinen acht Beinen über die Erde, die Meere und durch die Lüfte.

Zauberpulver

Apotheker verkauften bis ins 18. Jahrhundert Pulver von „Einhörnern" als Allheilmittel zu Wucherpreisen. Es handelte sich dabei um die Stoßhörner des Narwals, eines großen Meeressäugers!

Gigantische Mysterien

In England gibt es über 50 riesige Figuren, die auf die Kreidefelsen gezeichnet wurden, 17 davon sind Pferde. Das weiße Pferd von Westbury, im Süden des Landes, soll aus dem neunten Jahrhundert stammen. Wie auch bei den 16 anderen kennt niemand wirklich ihre Bedeutung.

KALTER SCHWEISS

Böser Geist

In Schottland werden Flüsse und Seen von Kelpie, einem Pony, heimgesucht, das nachts verirrten Reisenden erscheint. Wehe dem, der es besteigt: Er stirbt den Tod durch Ertrinken.

Todesahnung

Ein Kranker, der von einem schwarzen Pferd träumt, wird bald ins Jenseits geholt. Das glaubten zumindest unsere Vorfahren im Mittelalter!

Nach langen Monaten im Stall entdecken die Pferde des Reitvereins wieder die Weide und ihr zartes Gras. Es ist auch der Zeitpunkt, zu dem die Fohlen geboren werden.

RAUE PYRENÄEN

Herden von Mérens-Pferden werden Anfang Mai (bis Anfang Oktober) in die Hochebenen der Ariège (Pyrenäen) freigelassen. Sie finden in die Freiheit zurück, müssen aber auch Abgründen, reißenden Gebirgsbächen, Unwettern usw. trotzen. Von den Jährlingen überleben nur die robustesten.

AUSRITTE IM FRÜHLING

SCHLUSS MIT DEM SCHMUDDELWETTER, EIN HOCH AUF DIE SCHÖNEN TAGE! INZWISCHEN KENNST DU DEIN PFERD VIEL BESSER UND FÜHLST DICH SICHERER. ES IST FÜR DICH AN DER ZEIT, DAS HOCHGEFÜHL EINES ERSTEN AUSRITTS IM OFFENEN GELÄNDE KENNEN ZU LERNEN!

Ein großer Ausflug – und abschließend Piroschka putzen: Das war echt ein toller Tag! Aber in dem Augenblick, als ich mit der Bürste über ihre Kruppe fuhr … – zack, da habe ich einen deftigen Klatsch mit dem Schweif ins Gesicht bekommen. Autsch, das tut weh! Trotzdem bin ich ihr nicht böse. Es ist ihre einzige Waffe, um die vielen lästigen Fliegen zu verscheuchen, die um sie herumschwirren.

DAS BIN ICH!

ICH BIN ZUM VERLIEBEN, ODER?
ÖFFNE MEIN ALBUM, ICH WILL DIR DIE GESCHICHTE MEINER GEBURT ERZÄHLEN.

ICH HEISSE: *Palmina*

MEIN GEBURTSTAG: *10. Mai*

UHRZEIT MEINER GEBURT: *früh am Morgen. In freier Natur ist das der Zeitpunkt, an dem die Stuten sich am wenigsten vor den Angriffen von Raubtieren fürchten müssen.*

GEWICHT: *Ungefähr 50 kg. Die ersten Wochen habe ich über 1 kg pro Woche zugenommen. Einen Monat später habe ich mein Gewicht verdoppelt.*

MEIN PAPA

Der Züchter hat ihn ausgesucht, weil er schön ist und einen guten Charakter hat. Ich werde ihn nie kennen lernen. Aber ich habe bestimmt seine guten Eigenschaften geerbt!

MEINE MAMA

Sie hat elf Monate auf mich gewartet. Ihren dicken Bauch hat man aber erst die letzten vier Monate gesehen. Von da an durfte sie aufhören zu arbeiten und wurde so richtig verhätschelt.

Meine Geburt

HALLO, WELT!

Als Mama spürte, dass ich auf die Welt kommen würde, hat sie sich auf die Seite gelegt. Die Fruchtblase ist geplatzt. Meine Beine sind erschienen und dann auch mein Kopf. Wenige Minuten später war ich da!

1

SÄUBERUNG

Mama hat mich abgeleckt, um mich zu säubern und zu wärmen und um sich meinen Geruch einzuprägen, so wie ich mir ihren Geruch eingeprägt habe.

2

3

AUF ALLEN VIEREN

Eine halbe Stunde nach meiner Geburt stand ich schon aufrecht. Meine Beine waren noch etwas wackelig.

4

ERSTE MAHLZEIT

„Wo sind die Zitzen?" Mama hat mich mit ihrer Nase in die richtige Richtung gestupst. Im ersten Monat trinke ich etwa zehnmal pro Tag!

Ich gedeihe

MEINE ERSTEN DUMMHEITEN

Oh, der schöne Schmetterling! Ich hopple ihm hinterher. Mama schimpft und ruft mich zurück. Außerdem ist es streng verboten, an giftigen Pflanzen zu knabbern: Wenn ich in ihre Nähe komme, brummt Mama. Schon gut, ich gehorche ja!

WAS BEDEUTET „PRÄGUNG“?

Gemeint ist die Gewöhnung des Fohlens an den Menschen von seinen ersten Lebensstunden an. Man legt es hin und hält es fest, damit es später besser gehorcht, führt eine Hand in sein Maul, um das Mundstück der Trense anzudeuten, klopft auf seine Hufe, damit es später die Hufe gibt. Eine Methode, die Profis vorbehalten ist!

MEINE BESTE FREUNDIN

Ich kenne sie seit meiner Geburt! Sie riecht gut, hat eine sanfte Stimme und ich liebe ihre Zärtlichkeiten.

GESTALTE SEIN ALBUM

Eine Geburt im Reitstall? Schlage vor alleine oder mit einer Freundin ein Album über das Fohlen zu führen! Ein paar Tipps: Stelle seinen Stammbaum auf, verfolge sein Wachstum, erforsche seinen Charakter … und bebildere es mit vielen Fotos!

Wie gehe ich auf ein Fohlen zu?

- Warne die Stute vor, indem du mit ihr sprichst. Stelle dich niemals zwischen sie und ihr Fohlen!
- Um auf seiner Höhe zu sein, gehe in die Hocke und mache vorsichtige Bewegungen.
- Das ist kein Plüschtier! Bleib wachsam (es ist schwerer als du …), lass es keine Dummheiten machen: Seine Vorderbeine auf deinen Schultern – das ist verboten!

MEINE SPIELE

Ich liebe Verfolgungsjagden mit meinen Freunden. Mit meinen männlichen Freunden spiele ich auch gerne raufen. Wir stellen uns auf die Hinterbeine und „boxen“ mit den Vorderbeinen.

IN TOPFORM!

EIGENTLICH SIEHT ES KRÄFTIG AUS ... DENNOCH HAT DEIN PFERD SEINE SCHWACHPUNKTE, VOR ALLEM WAS DEN DARM BETRIFFT. SEINE GESUNDHEIT FÄNGT MIT DER RICHTIGEN ERNÄHRUNG AN!

Sein Menü

KRÄUTER UND GRÄSER

Die Weide ist eine Mischung aus Kräutern, Gräsern, aus Klee und Blumen. So hat das Pferd auf natürliche Art eine ausgewogene Ernährung.

GUTES RAUFUTTER

In der kalten Saison ersetzt das Raufutter das Gras. Es besteht aus Heu (getrocknetes Gras) oder Stroh (Getreidehalme). Um satt zu werden, muss das Pferd große Mengen davon fressen.

DESSERT FÜR LECKERMÄULCHEN

Möhren sind voller Vitamine! Schneide sie in kleine Stücke, damit sich das Pferd nicht verschluckt. Weitere Leckereien: ein geviertelter Apfel, trockenes Brot, ein Stück Zucker ... Nicht zu oft geben, hauptsächlich als Belohnung!

KRAFTFUTTER-ZUSATZ

Körner (Gerste, Hafer, Mais) oder Futtermischungen (Körner- und Luzern-Granulate) haben jeweils ihre besonderen Nährwerte. Die Rationen werden der Rasse, dem Alter, der Aktivität und dem Temperament des Pferdes sowie der Saison angepasst.

GROSSER ESSER, KLEINER MAGEN

Das Pferd hat einen kleinen Magen. Es grast zwar 16 Stunden pro Tag, frisst aber nur kleine Mengen, die es nach und nach verdaut.

Und was trinkt es?

Ein Pferd trinkt 10–50 Liter pro Tag. Es muss jederzeit sauberes Wasser zur Verfügung haben.

PORTRÄT

DER PFERDEZAHNARZT

Die Zähne eines Pferdes nutzen sich unregelmäßig ab. Manchmal wachsen ihm kleine Spitzen an der Oberfläche der Backenzähne. Das tut weh und behindert es beim Essen. Also müssen die Zähne abgefeilt werden: eine Arbeit für den Pferdezahnarzt!

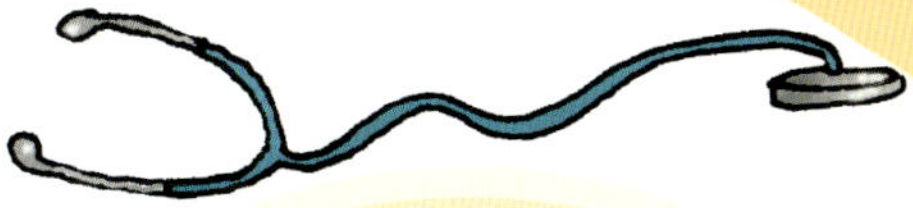

Hallo, Doktor!

Dein Pferd kann nicht sagen, was ihm fehlt oder wehtut. Du musst seine „Wehwehchen" erkennen und notfalls den Tierarzt rufen.

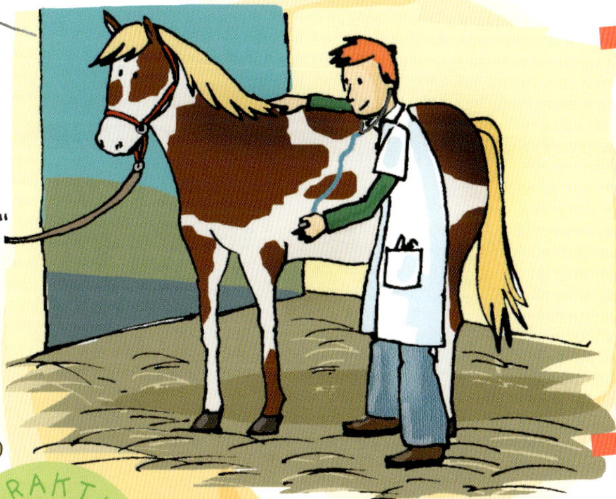

- Husten: Es hat sich einen Virus eingefangen oder es ist allergisch gegen winzige Schimmelsporen, die im Heu oder im Stroh vorkommen können.
- Stumpfes Fell, Krusten: Vielleicht hat es Läuse oder eine Allergie, die von Insektenstichen hervorgerufen wird.
- Es kratzt sich, rollt sich, schaut auf seine Flanken: Dein Pferd hat Bauchschmerzen. Koliken sind sehr ernst zu nehmen. Das ist ein Notfall!

WICHTIG!

Füttere dein Pferd immer zur gleichen Zeit!

Füttere es 3-mal am Tag, die größte Ration am Abend!

ZU VERMEIDEN!

Füttere dein Pferd NICHT direkt vor oder nach der Arbeit!

Lass es nach einer großen Anstrengung NICHT sofort trinken!

GIFTIGE PFLANZEN

250 g Eibe genügen, um ein Pferd innerhalb weniger Minuten zu töten! Ebenfalls äußerst giftig: Lebensbaum (Thuja), Fingerhut, Buchsbaum, Seidelbast, Tollkirsche … Während Schafe und Kühe z. B. gefahrlos vom Gundermann fressen können, wirkt eine relativ geringe Dosis für Pferde tödlich. Lerne die Pflanzen zu erkennen!

LISAS PFERD

DER ACHAL-TEKKINER

Ein legendäres Pferd, das seit 2 500 Jahren in den Steppen Asiens gezüchtet wird! Sein metallisch glänzendes Fell ist einmalig! Es hat eine unglaubliche Ausdauer. Echt gar nichts mehr zu fressen? Angeblich frisst es auch Eier, Butter … und sogar Fleisch.

AUF DEM WEG ZUR PFERDEFLÜSTERIN

FRÜHER WANDTE MAN BEI DER AUSBILDUNG VON PFERDEN OFT GEWALT AN. ZUM GLÜCK IST INZWISCHEN DIE ZEIT DER PFERDEFLÜSTERER UND NEUEN AUSBILDER GEKOMMEN! NIMM DIR EIN BEISPIEL!

Eine sanfte Veränderung

Schockiert über die Gewalt, mit der Pferde eingeritten wurden, und inspiriert von den Indianern, erfanden die Cowboys eine neue Art der Ausbildung: Man muss „wie ein Pferd denken", um seine Reaktionen zu verstehen, und ihm zeigen, dass der Mensch kein wildes Tier ist, sondern ein Partner, mit dem es Spaß macht, zu arbeiten. Und es funktioniert!

MONTY ROBERTS

Mit 13 Jahren ging er alleine in die Wüste Nevadas, um frei lebende Mustangs zu beobachten. Er studierte ihr Verhalten und wurde der Begründer des „Join up", das auf Vertrauen und Rangfolge basiert.

PAT PARELLI

Der Reiter hört auf sein Pferd … und das Pferd auf seinen Reiter! Die Methode von Pat Parelli – „Natural Horsemanship" – setzt auf Verständigung und Respekt. Sie basiert auf sieben Aufgaben am langen Strick und auf „natürlichem" Reiten ohne Sattel und Zaumzeug.

VERFILMUNG

1998: Robert Redfort dreht den Film „Der Pferdeflüsterer". Dieser Film – Drehbuch nach dem Roman von Nicholas Evans – macht die Pferdeflüsterer berühmt. Einer der bekanntesten, Buck Brannaman, ist Berater während der Dreharbeiten.

PFERDE UNTER SICH

Die Praxis der Pferdeflüsterer basiert auf der Beobachtung von Pferden: Sogar gezähmt behalten sie ihre natürliche wilde Art. Wie leben sie eigentlich ohne den Menschen?

FAMILIE UND HIERARCHIE

Pferde leben in Herden, die sich aus einem Hengst und mehreren Stuten mit ihren Fohlen zusammensetzen. Die älteste Stute ist die Leitstute. Je nach Alter, Kraft und Charakter sind die anderen Stuten ranghoch oder rangniedrig.

JAMES SULLIVAN WAR DER ERSTE PFERDEFLÜSTERER. ANFANG DES 19. JAHRHUNDERTS SCHLOSS ER SICH IN DIE BOXEN DER WILDESTEN PFERDE EIN UND MACHTE SIE INNERHALB VON EIN PAAR STUNDEN GEFÜGIG. WIE? DAS BLEIBT WOHL EIN GEHEIMNISVOLLES RÄTSEL: ER WAR ANALPHABET UND HAT NICHTS SCHRIFTLICHES HINTERLASSEN.

MARTHE KILEY-WORTHINGTON

Diese englische Ethologin (Spezialistin für die Kommunikation mit Tieren) setzt sich dafür ein, dass die natürliche Lebensweise der Pferde respektiert wird: Auf ihrer Ranch leben die Pferde in Herden. Fohlen werden nicht von ihren Müttern getrennt, sondern lernen gemeinsam mit ihnen zu arbeiten.

Know-how

- Lies Bücher über das Verhalten von Pferden.
- Verbringe viel Zeit mit Pferden: Betrittst du den Stall nur zu den Reitstunden, hast du keine Chance, sie jemals gut kennen zu lernen.

- Mach nicht mal „hü!", mal „hott!", sondern befolge immer dieselben Regeln, wenn du dein Pferd belohnst oder Gehorsam von ihm verlangst.
- Lass es Fortschritte machen! Es hat Angst, in den Anhänger zu steigen? Es kann nicht still stehen? Mach kleine Übungen mit ihm, damit es seine Ängste überwindet!
- Raus aus der Routine: Ein kleines Gespann ziehen, ein bisschen Pony-Fußball oder Ähnliches machen dein Pferd aufmerksamer und stärken eure Freundschaft.

FREUNDSCHAFT

Manche können sich nicht riechen …

… andere lieben sich. Auch bei den Pferden gibt es sowohl Freunde als auch „die anderen"!

ERZIEHUNG

Es lebe der Kontakt zwischen den Generationen: Das Fohlen gliedert sich in die Herde ein, indem es die Älteren nachahmt, und lernt sie zu respektieren.

IM GALOPP

ES IST EIN TRAUM, DER DIR ALLERDINGS AUCH EIN BISSCHEN ANGST MACHT … BLEIB COOL: KENNST DU ERST MAL SEINEN WOGENDEN RHYTHMUS, WIRST DU DEN GALOPP SPITZE FINDEN!

AUF DER FALSCHEN HAND GALOPPIEREN – WAS HEISST DAS?

Reitest du in der Halle auf der rechten Hand, musst du auch auf der rechten Hand galoppieren: Das ist einfacher für dein Pferd. Galoppiert es auf der falschen Vorderhand, sagt man: „Es galoppiert auf der falschen Hand."

Los geht's!

Schultern leicht nach hinten, Kopf hoch, Beine an den Flanken anliegend – das ist die richtige Haltung! Folge den „Schaukelstuhl"-Bewegungen mit deinem Becken, und mit den Händen den Bewegungen des Halses. Einfach und herrlich aufregend!

VOM TRAB IN DEN GALOPP

Wie ein Anfänger

Verlängere den Trab, indem du mit den Waden energisch gegen die Flanken deines Pferdes drückst. Es gerät aus dem Takt und „fällt" in den Galopp.

Wie ein Könner

Rechtsgalopp: Benutze den linken, anstehenden Zügel (schließe die linke Hand und gib ein wenig mit der rechten Hand nach). Das linke Bein liegt hinter dem Gurt. Treibe mit beiden Beinen an – das rechte bleibt am Gurt. Linksgalopp: genau umgekehrt!

ZU VERMEIDEN

Verkrampfte Beine

Es tut deinem Pferd weh, wenn du dich an den Zügeln festhältst! Es wird langsamer oder wehrt sich durch Kopfschlagen – Sturz garantiert!

1–2–3, IN DER LUFT …

Galopp ist eine gesprungene Gangart in drei Takten, plus ein Takt Schwebephase.

GALOPPIERT ES AUF DER RECHTEN HAND, SETZT ES AUF:

Karacho!

Je schneller das Pferd geht, desto mehr schüttelt es einen durch! Um die Stöße besser aufzufangen, hebe dich leicht aus dem Sattel: Hebe deinen Po leicht an, beuge dich ein wenig nach vorne und bleibe über den Steigbügeln im Gleichgewicht. So entlastest du auch den Rücken deines Pferdes.

Die Haltung eines Jockeys

Er stellt seine Steigbügel sehr kurz ein und beugt sich extrem nach vorne, damit sein Pferd schneller läuft. Nicht gerade komfortabel ...

Lisas Pferd

Das englische Vollblut

Verrückt nach Rennen, diese Engländer! Im 18. Jahrhundert importierten sie drei Araberhengste, um sie mit ihren schnellsten Stuten zu kreuzen. Ergebnis: Fohlen, die „very very fast" waren! Die Rasse der Englischen Vollbluter war geboren. Heute sind ihre Nachkommen Champions, die mit mehr als 60 km/h über die Rennplätze der Welt galoppieren.

Das Schnellste

1945 erreichte Big Racket bei einem Rennen in Mexiko eine Geschwindigkeit von 70 km/h. Bis heute ist dieser Rekord ungebrochen!

Verkrampft?

Um dich an den Galopp zu gewöhnen, lerne auch zu voltigieren: Das Pferd ist gut ausgebildet, hat einen sanften Rhythmus und wird geführt. Null Risiko, dass es durchgeht! Beruhigend, nicht wahr?

SCHWEBEPHASE

GALOPPIERT ES AUF DER LINKEN HAND, SETZT ES AUF:

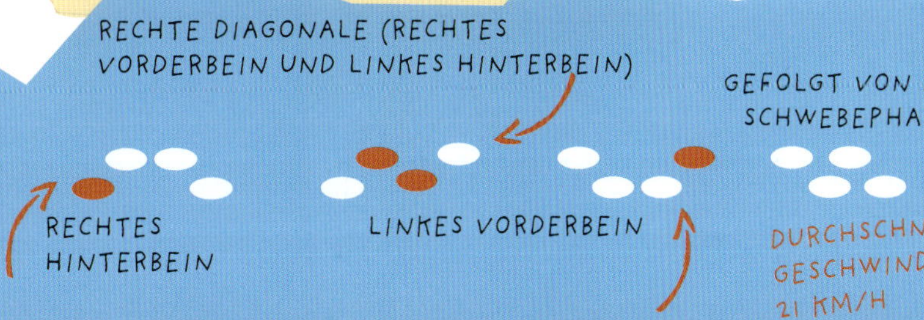

DURCHSCHNITTS-GESCHWINDIGKEIT: 21 KM/H

UND JETZT SPRING!

DIE RICHTIGEN REFLEXE

- Verkürze deine Steigbügel ein wenig.
- Sieh geradeaus, über das Hindernis hinweg.
- Folge der Bewegung während des Sprungs: Gehe in den leichten Sitz, Oberkörper etwas nach vorne gebeugt. Gib in deinen Gelenken locker nach, ohne deine Beine zu bewegen. Dein Pferd streckt den Hals und den Kopf. Begleite es mit deinen Händen.
  Gleichgewicht verloren? Halte dich am Halsriemen oder an der Mähne fest.

DEINE AUSBILDUNG BEGINNT MIT KLEINEN CAVALETTIS. ES GEFÄLLT DIR? BEREITE DICH AUF DEN GROSSEN SPRUNG VOR: ANREITEPHASE, ABSPRUNG, STRECK- BZW. FLUGPHASE, LANDUNG ...
DU HAST DIE HÜRDE ÜBERWUNDEN!

1. ETAPPE

Fange mit Stangen an, die auf dem Boden liegen. Dein Pferd macht hohe und elastische Schritte. Es übt den Takt bzw. die Taktreinheit – und du dein Gleichgewicht.

2. ETAPPE

Alles okay? Gehe eine einzelne Stange oder einen einfachen Sprung an. Keine Bange, bei dieser Höhe (die Cavalettis sind nicht höher als 50 cm) macht dein Pferd nur einen ganz kleinen Sprung. Aber du hast schon das Gefühl, zu springen!

STANGE

SPRUNG AUS GEKREUZTEN STANGEN

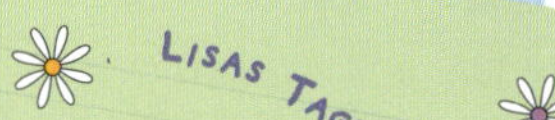

3. ETAPPE

Mehrere Durchgänge geschafft? Bravo! Kombiniere jetzt die Hindernisse und durchlaufe sie im Trab und dann im Galopp. Ein Cavaletti, dann noch eins und noch eins – das ist schon fast ein Parcours.

LISAS TAGEBUCH

Ich sollte dieses Hindernis nehmen – unvorstellbar! Zu Fuß sah es klitzeklein aus, aber vom Rücken Piroschkas aus kam es mir riesig vor. Tja und dann ... Ich war zu zaghaft, sie hat gezögert, ich habe mich zu weit nach vorne gebeugt, sie hat vor dem Hindernis eine Vollbremsung hingelegt ... und ich bin ohne sie gesprungen! Die Reitlehrerin meinte, das sei eine wunderbare Verweigerung gewesen.

Springturniere

Das Ziel: einen fehlerfreien Ritt durch den Parcours in einer bestimmten Richtung und einer festgelegten Zeit hinlegen. Nicht unbedingt allzu schwierig: Springturniere gibt es auf allen Niveaus. Und wenn Turniere dich beeindrucken, folge diesen Ratschlägen!

- Beim Abschreiten des Parcours (zu Fuß) berechne die Anzahl der Schritte zwischen den Hindernissen und male dir deinen Ritt im Kopf aus.

- Schaue anderen Reitern zu, wenn sie an der Reihe sind.

ÜBERWINDEN OHNE ÜBERWINDUNG

Es gibt verschiedene Hindernisse: Bunte Stangen und die Mauer sind vertikale – Oxer, Stangenoxer und Triplebarre sind breite Hindernisse.

RICK

MAUER

- Wärme dein Pferd im Schritt auf und lasse es dann zwei oder drei Hindernisse springen – nicht mehr, damit es ihm nicht zu viel wird. Trabe und galoppiere, kurz bevor du an der Reihe bist, damit dein Pferd aufmerksam wird.

- Lasse dich von einer Freundin begleiten: Besprich mit ihr die Schwierigkeiten des Parcours und die beste Art, die Hindernisse zu nehmen.

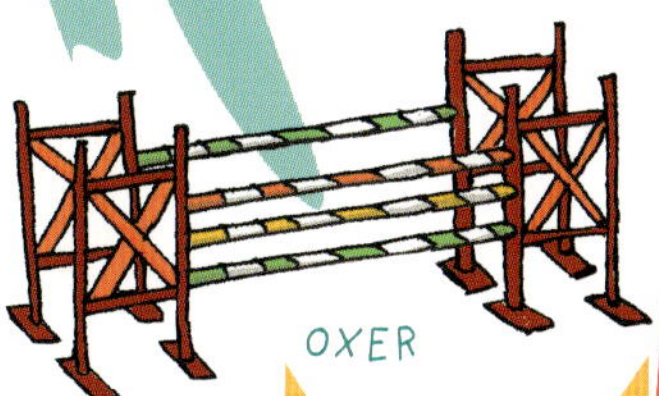

OXER

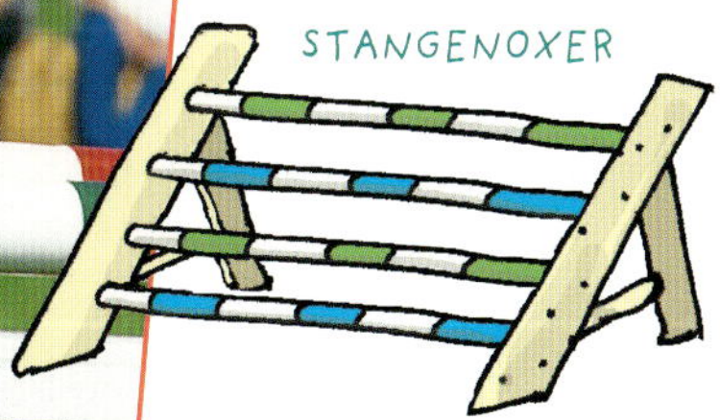

STANGENOXER

HÖCHSTER SPRUNG

2,47 Meter! Erreicht von Huaso im Jahr 1949, geritten vom Kommandanten Larraguibel.

WEITESTER SPRUNG

8,40 Meter! Erreicht von Something, geritten von André Ferreira im Jahr 1975.

- Rege dich nicht auf: Du würdest deine Ängste nur auf dein Pferd übertragen!

- Bei einem Misserfolg: Versuche in Ruhe die Ursachen zu verstehen und nimm es nicht so tragisch. Nächstes Mal wirst du es besser machen …

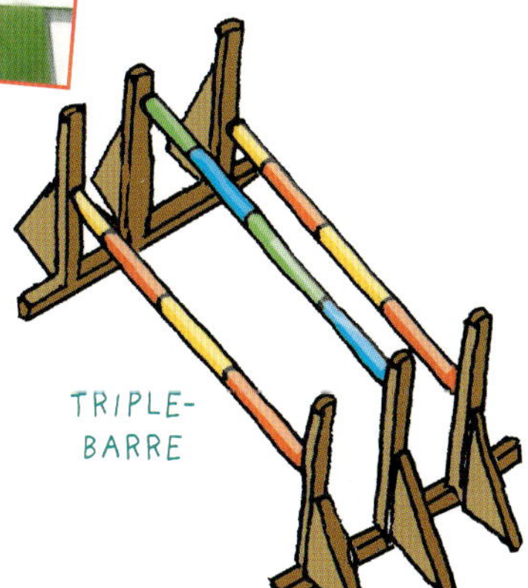

TRIPLE-BARRE

STARS UND STUNTS

UNZÄHMBAR, SCHLAU, TREU … REGELRECHTE HELDEN: DIE PFERDE STEHLEN ALLEN DIE SHOW!

Auf der Leinwand

Schöne Filme mit Pferden sind recht rar. Verpasse sie nicht!

SPIRIT

Spirit, ein wunderschöner Mustang, galoppiert über die amerikanische Prärie – bis zu dem Tag, an dem die Armee ihn einfängt und ihn mit Gewalt zu zähmen versucht. Zum Glück schafft es der junge Indianer Lakota, ebenfalls ein Gefangener, sich mit dem Pferd anzufreunden.

CRIN BLANC

Niemand kann sich Crin Blanc nähern: Er ist es, der in den Sümpfen der Camargue die Herde führt. Aber Folco, der kleine Fischerjunge, träumt davon, ihn zu zähmen …

ZORRO

Am Tag ist er Don Diego de la Vega, Erbe einer reichen Familie in Los Angeles. Nachts verwandelt er sich in einen maskierten Rächer, der zu Pferd das Abenteuer sucht. Das treue schwarze Pferd eilt sofort herbei, sobald Zorro nach ihm pfeift!

DAS PFERD, DAS AUS DEM MEER KAM

Tito und Ossie, zwei Stadtkinder, leben mit ihrem Vater in Dublin. Ihr Großvater, ein Tinker (irischer Nomade), besucht sie gemeinsam mit Tir na nog. Dieses große weiße Pferd kommt angeblich aus einem Land unter dem Meer …

Hinter den Kulissen

Und hier die Artisten bei der Arbeit …

Ein Opfer der Kunst

Bis in die 60er-Jahre „verbrauchte" die Filmindustrie eine große Zahl von Pferden. Um spektakuläre Stürze filmen zu können, wurde ein Drahtseil quer über den Weg gespannt. Barbarisch!

Gesetzlich geschützt

Heutzutage ist es verboten, Tiere für einen Film zu verletzen oder zu ängstigen. Dieses Pferd hat gelernt sich auf Befehl seines Stuntmans fallen zu lassen – eine Bewegung, die x-mal geübt wird, um dann in völliger Sicherheit gefilmt werden zu können.

Wie wird man „Stuntfrau"?

Es gibt keine Schule dafür und die Stellen sind dünn gesät. Man muss sehr sportlich, unerschrocken, ein ausgezeichneter Reiter und Trainer sein … Sag bloß, du bist noch interessiert? Arbeite daran und träume weiter. Später kannst du vielleicht mit einem großen Stuntman trainieren. Joëlle Balland, die mit dem berühmten Mario Luraschi gearbeitet hat, hat in mehr als 200 Filmen Frauen gedoubelt.

ELEGANT, KRAFTVOLL, ÜBERAUS BEGABT FÜR DIE DRESSUR … IBERISCHE PFERDE UND LIPIZZANER WERDEN OFT FÜR STUNTS AUSGEWÄHLT.

WITZIGE ANEKDOTE

Für die Fernsehserie „Der schwarze Hengst" wurde ein schönes Pferd gesucht: Es sollte ohne Furcht schwimmen und sich auf Befehl aufbäumen können, außerdem so gefügig sein sich von dem jungen Helden reiten zu lassen. Keines konnte allen Anforderungen gerecht werden! So wurden mehrere Pferde eingesetzt – manche mussten dafür sogar schwarz angemalt werden!

DU BIST EINE KÜNSTLERIN!

DU WÜRDEST GERNE DEIN LIEBLINGSTIER MALEN? HIER HAST DU EIN PAAR IDEEN, DIE DIR WEITERHELFEN KÖNNEN. ES BLEIBT DIR ÜBERLASSEN, DAS WICHTIGSTE HINZUZUFÜGEN: GEFÜHLE, STIMMUNG, BEWEGUNG …

Pferde-Kritzeleien

Superleicht zu zeichnen und ihnen Leben zu verleihen! Mach dir einen Spaß daraus, verschiedene Körperhaltungen und Abenteuer für die Pferde zu erfinden …

Beinahe wie echt

Fertige Schritt für Schritt ein Pferdeporträt an. Lege zuerst die Proportionen fest und zeichne einfache Formen, um die Umrisse zu bestimmen. Vervollständige deine Zeichnung nach und nach durch Details und Feinheiten.

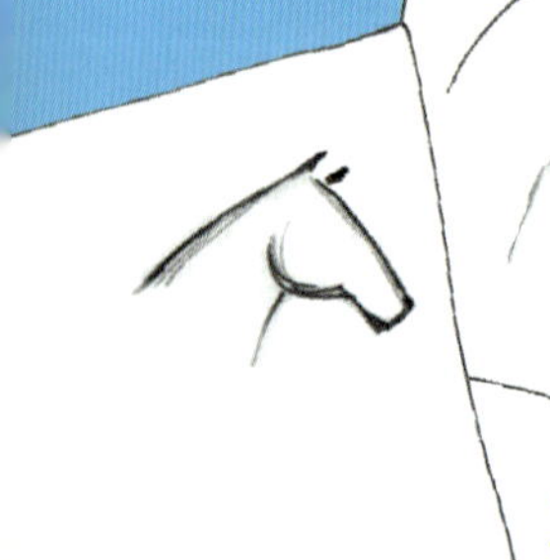

1 BEGINNE BEIM KOPF.

2 ZEICHNE DANN ZWEI GROSSE KREISE FÜR DEN KÖRPER.

3 FÜGE DIE BEINE HINZU. DAS IST ETWAS SCHWIERIGER. DRÜCKE NICHT ZU STARK MIT DEM BLEISTIFT AUF, DAMIT DU NOTFALLS RADIEREN KANNST!

4 NUN DARFST DU ES ANMALEN. WIE WÄRE ES, WENN DU DIE FELLZEICHNUNGEN DEINES LIEBLINGSPFERDES NACHAHMEN WÜRDEST?

NIMM FOTOS ALS VORLAGE UND BENUTZE DIE GLEICHEN GRUNDFORMEN, UM DEIN PFERD IN ANDEREN KÖRPERHALTUNGEN DARZUSTELLEN. ÜBE OFT, WENN DU FORTSCHRITTE MACHEN WILLST!

Prähistorisch

1 Vergrößere die Schablone dieses stilisierten Pferdes. Mache mehrere Fotokopien, bis du die gewünschte Größe erreicht hast. (Es ist eigentlich 70 cm lang, aber deines kann etwas kleiner sein!)

SCHABLONE

MIT DER SCHABLONE GEFERTIGTE ZEICHNUNG

2 Pause die Schablone durch und übertrage sie auf dünnen Karton. Trenne die Form entlang der äußeren Kontur mit dem Cutter heraus. (Bitte einen Erwachsenen um Hilfe!) Fixiere die Schablone auf einem großen Blatt Papier und tupfe mit einem Pinsel Farbe in die Aussparungen. Lasse dich von den Farben des Originals inspirieren.

Das Original

Die Höhle von Lascaux im Périgord (Frankreich) wurde 1944 entdeckt. Sie birgt eines der schönsten Zeugnisse prähistorischer Kunst. Ihre Zeichnungen wurden etwa 15 000 Jahre vor unserer Zeitrechnung gemacht. Man erkennt 87 Auerochsen, 88 Hirsche und Rehe, 35 Böckchen, 7 Raubkatzen, 1 Bären, 1 Rentier … und 355 Pferde!

LISAS PFERD

DER TARPAN

Störrische Mähne und Schweif, kleiner, gedrungener Körper … Er sieht den Pferden der Höhlenzeichnungen enorm ähnlich! Tarpane waren in vorgeschichtlicher Zeit in ganz Europa vertreten. Im 19. Jahrhundert wurden die letzten wilden Nachkommen in Polen gefangen und die Rasse ist ausgestorben. Ja aber … wer ist dann auf dem Foto? Ein „neues" Tarpan-Pony: Die Rasse wurde mit den nächsten Verwandten neu gezüchtet!

LEKTION DER ILLUSTRATORIN

Die Pferde von Cécile Hudrisier sind zum Anbeißen süß! Prima, sie zeigt dir, wie man eines zeichnet!

SCHWINDEL ERREGENDES VOLTIGIEREN

UM AKROBAT ZU SPIELEN, TAUSCHE DEINE REITSTIEFEL GEGEN TURNSCHUHE AUS! GANZ NEBENBEI GEWINNST DU EIN PERFEKTES GLEICHGEWICHT UND WOHLTUENDES SELBSTVERTRAUEN!

Gymnastikausrüstung

Das Pferd trägt ein besonderes Zaumzeug.

Ein spezieller **VOLTIGIERGURT** mit einem Mittelgriff und zwei seitlichen Griffen zum Festhalten: Sie dienen dir auch als Stütze.

Eine **DECKE**, die seinen Rücken schützt und dich am Abrutschen hindert.

BANDAGEN zum Schutz der Beine

VOLTIGIERVORSTELLUNGEN

Das **VOLTIGIEREN** ist auch ein Wettkampf: In einer Achter-Mannschaft (mit maximal drei Voltigierer pro Pferd) oder im Einzel geht es darum, Sicherheit, Grazie und Originalität sowohl in den Pflicht- als auch in den Kür-Übungen zu zeigen. Hast du Interesse?

Stimmung machen

Vor Beginn der Vorstellung wird das Pferd in seinen drei Gangarten an der Longe geführt. Für die Reiterinnen: Wettlauf, Mühle und Bockspringen!

Im **ZIRKUS** wird die Kunst des Voltigierens oft von Generation zu Generation weitergegeben. Die Darbietungen werden ohne Longe durchgeführt. Der Bahndurchmesser beträgt 13 Meter: Diese Größe bietet dem Reiter die optimale Neigung, wenn das Pferd galoppiert.

FRAGE

WELCHES PFERD ZUM VOLTIGIEREN?

Ein gutes Voltigierpferd muss einen breiten Rücken, gleichmäßige und rhythmische Gangarten sowie einen ruhigen und unerschrockenen Charakter haben … und es darf nicht kitzelig sein!

Die Figuren

Schritt, Trab, Galopp: Passe dich dem Rhythmus deines Pferdes an! Hier ein paar einfache Figuren. Es gibt noch viele andere, die du versuchen oder erfinden kannst.

DIE FAHNE

Knie dich hin und strecke gleichzeitig den inneren Arm und das äußere Bein aus. Versuche sie möglichst lange zu halten!

DIE MÜHLE

Dein Ziel: dich in vier Schritten einmal um dich selbst zu drehen. Hebe ein Bein, um dich nach innen, nach hinten, nach außen und dann wieder in die Anfangsposition zu begeben – alles ohne den Hals oder die Kruppe des Pferdes mit dem Fuß zu berühren! Kleines Spiel: möglichst viele Mühlen pro Runde machen.

ERFINDE DEINE EIGENE SHOW

Mit ein wenig Übung sind die Voltigierfiguren gar nicht so schwierig. Und sie werden dein Publikum sicher beeindrucken! Suche dir flotte Musik aus, erfinde Figurenfolgen zu zweit, benutze das Voltigieren, um eine lustige Darbietung zu geben!

Schwieriger und lustiger

Der **Kegel**: Versuche einen Reifen an deinem Körper entlang von oben nach unten zu führen. Die **Zielscheibe**: Springe in einen Reifen auf dem Boden.

AUFRECHT!

Im Knien lässt du die Griffe des Voltigiergurtes los, richtest dich auf und breitest deine Arme aus... Fertig!

Im vollen Galopp aufspringen

Das Pferd galoppiert im Kreis... Aufspringen erscheint dir schwierig? Wenn du die Griffe des Gurtes fasst und im richtigen Augenblick Schwung holst (wenn die Vorderbeine den Boden berühren), wirst du es jedoch schnell schaffen. Übe es!

LISAS TAGEBUCH

Heute Gymnastik auf dem Pferd! Super, ich liebe Voltigieren! Aufrecht auf dem Rücken von Loreley, da bin ich die Größte – und auf ihrem Rücken bin ich wirklich im Einklang mit ihr. Stimmt schon, es schüttelt einen ziemlich durch. Aber die Lehrerin hat Recht: Setzt man sich wieder auf einen Sattel, kommt einem alles viel einfacher vor!

MACH MIT!

SCHÖNE VERKLEIDUNGEN, PASSENDE MUSIK ... UND DIESE SPIELE KÖNNEN HERVORRAGENDE DARBIETUNGEN FÜR EINE VORSTELLUNG SEIN!

ES GIBT DUTZENDE VON SPIELEN ZU PFERD, BEI DENEN MAN GESCHICKLICHKEIT, SCHNELLIGKEIT ODER BEIDES BRAUCHT. KOMBINIERE DEINE LIEBLINGSSPIELE, BILDE TEAMS UND ORGANISIERE REITERSPIELE!

DIE FÄHNCHEN

Das ist nur eine Möglichkeit unter vielen! Guter Rat: Hast du eine Fahne erwischt, halte sie wie ein Schwert, um sie leichter in die nächste Pylone zu stecken.

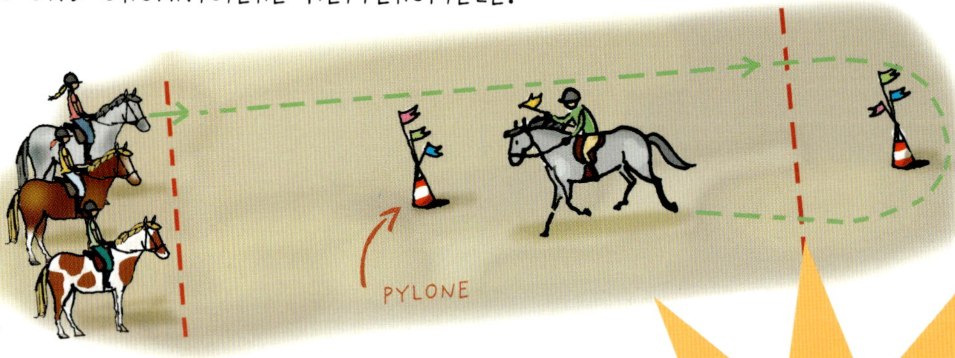

DIE TASSEN

Am Ende eines Grundstücks werden Tassen auf einen umgedrehten Mülleimer gestellt. Du musst eine nach der anderen fassen und sie umgedreht auf einer Reihe von Pfosten platzieren.

SCHWIERIGER ALS DIE TASSEN

Ersetze die Tassen durch Tennisbälle und die Pfosten durch Pylonen. Galoppiere zwischen den Pylonen durch und bremse ab, um die Bälle auf die Spitze zu legen.

VON NATUR AUS VERSPIELT

Auf der Weide laufen die Pferde um die Wette, um sich zu kabbeln und abzureagieren. Dein Pferd spielt auch gerne mit dir. Manche Ponys lieben zum Beispiel „Fußballspielen" über alles: Sie lernen schnell den großen Ball (80 cm) mit ihren Beinen oder ihrer Nase zu schubsen.

DAS EI UND DER LÖFFEL

Galoppiere bis ans Ende des Grundstücks. Steige ab. Lege ein Ei auf einen Löffel und gehe zu Fuß zurück, das Pferd mit einer Hand führend, den Löffel in der anderen Hand (oder noch besser: im Mund) – ohne das Ei zu zerbrechen!

DER SLALOM

Es ist das einfachste und zugleich das aufregendste Spiel. Du musst möglichst schnell im Zickzackkurs zwischen den Pfosten oder Pylonen durchreiten (ohne einen auszulassen oder umzustoßen!) – und wieder zurück.

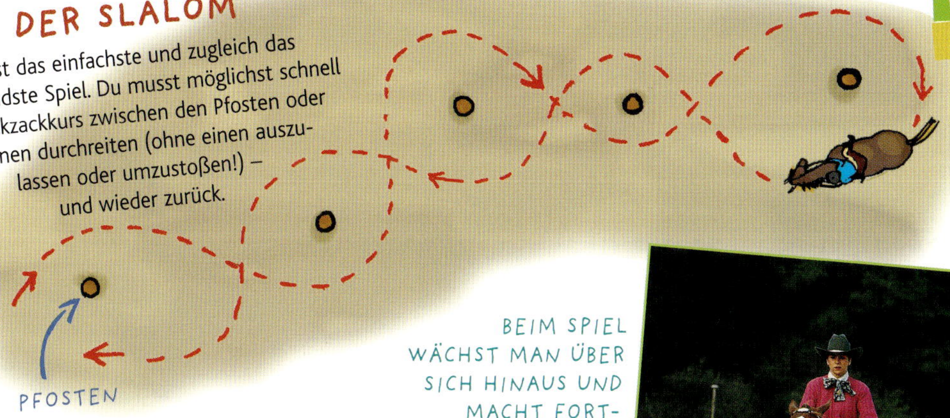

DIE SPIELE MIT DER STOPPUHR MESSEN? GUTE IDEE – ABER VERGISS NICHT: DAS WICHTIGSTE IST, SICH ZU AMÜSIEREN, NICHT ZU GEWINNEN!

BEIM SPIEL WÄCHST MAN ÜBER SICH HINAUS UND MACHT FORTSCHRITTE. DESWEGEN SOLLTEN SICH AUCH ERWACHSENE AMÜSIEREN!

DIE FURT

Töpfe stellen die „Steine der Furt" dar: Sitze ab, steige möglichst schnell über sie, ohne hinzufallen; sitze wieder auf und galoppiere ins Ziel.

DIE STAFFEL

Eine deiner Mitspielerinnen reitet mit dem Stab in der Hand los, beendet ihr Rennen und gibt ihn an die nächste aus eurem Team ab. Der Sieg hängt oft von der Schnelligkeit der Übergabe ab: Trainiert die Stockübergabe!

KEIN MATERIAL?

Du hast weder Pylone noch Bälle noch Pfosten? Kein Problem! Spiele „Hütestehlen", „Gruß-Spiel", „Wer ist am schnellsten?" – natürlich zu Pferd!

SACKHÜPFEN

Gehe zu dem Jutesack, steige hinein und hüpfe ins Ziel. Halte dabei dein Pferd an den Zügeln fest.

IDEEN

Der Geschicklichkeitsparcours

Wenn man wie die Cowboys zu Pferde arbeitet, muss man ein ruhiges und gehorsames Pferd haben. Um diese Eigenschaften zu testen (und auch die des Reiters!) gehören zum Westernreitturnier Geschicklichkeitsprüfungen. Möchtest du einen Miniparcours zusammenstellen? Hier ein paar Ideen:

- auf dem Boden liegende Stangen in den drei Gangarten durchreiten
- durch ein Labyrinth reiten
- eine Holzbrücke überqueren
- über kleine Hindernisse springen
- einen Sack an einem Ort aufheben und zu einem anderen tragen

AUF „SCHUSTERS RAPPEN“

NUN BIST DU SO GEÜBT, DASS DU EIN PAAR STUNDEN ODER EINEN TAG LANG AUSREITEN KANNST. EINE REISE WIE ZU DEN ZEITEN DEINER URGROSSELTERN. UND DU SIEHST DIE NATUR UND DIE WELT MIT ANDEREN AUGEN …

AUSRÜSTUNG UND PROVIANT

Das Minimum: Sweatshirt, Regenponcho, Feldflasche und eine Kleinigkeit zu essen und zu trinken.

Steigungen

Die Wege sind nicht so flach wie in der Reithalle! Sei nett zu deinem Pferd: Mach dich leicht!

AUFWÄRTS

Halte dich an seiner Mähne fest und beuge dich nach vorne, um seine Hinterhand zu entlasten.

Vorsicht!

Tief liegende Äste können dich aus dem Sattel werfen oder dir wehtun. Im Wald musst du stets aufmerksam bleiben und darfst nie nach hinten schauen!

GÄNSEMARSCH

Es ist den Pferden streng verboten, zu überholen oder das Grasbüschel am Wegrand zu fressen! Wie in der Halle bleibe immer in der Reihe und halte eine Pferdelänge Abstand zwischen deinem Pferd und dem vorausgehenden ein.

Nur keine Panik!

- Achte auf Geräusche oder Dinge, die dein Pferd nicht kennt und die es erschrecken könnten: die Landkarte, die du auseinander faltest, den Parka, den du ausziehst, die Feldflasche, die evtl. am Sattel baumelt …
- Was tun? Gewöhne dein Pferd bereits im Reitstall an unvermeidliche Dinge. Bleibe während des Ausritts hinter einem routinierten Pferd, dessen Verhalten beruhigend wirkt.

ABWÄRTS

Richte dich auf, damit du seine Vorderhand nicht belastest!

FRISCH VORAN

Der Weg ist frei und der Boden weder steinig noch schlammig? Das ist der richtige Augenblick, um sich einen Galopp zu gönnen!

Wegmarkierungen

Die Hufeisen bezeichnen Reitwege: Bitte folgen!

ZUERST DEIN PFERD

Zurück im Reitstall, träumst du von einer warmen Dusche und einem weichen Bett … Kommt gar nicht in Frage! Zuerst musst du dein Pferd putzen und füttern. Auf die Art kannst du dich bei ihm außerdem für all die schönen Augenblicke bedanken, die es dir heute geschenkt hat.

REISETAGEBUCH

Du planst einen mehrtägigen Ausritt? Nimm ein hübsches Heft mit, in das du deine Abenteuer einträgst. Zeichne nach jeder Etappe eine Minikarte, notiere deine Eindrücke, mache Skizzen … Denke auch daran, Blätter und Blumen zum Trocknen mitzunehmen, mache Fotos, die du später ins Album kleben kannst.

Gute Führung

Zu Pferd solltest du selbstverständlich Straßen meiden. Wenn du trotzdem mal eine betreten oder überqueren musst, sei besonders aufmerksam! Und bedenke, dein Pferd gilt als Fahrzeug: Du musst die Straßenverkehrsordnung beachten.

MACH DICH VERSTÄNDLICH!

STRECKE DEN ARM IN DIE RICHTUNG, DIE DU EINSCHLAGEN WILLST.

SENKE UND HEBE DEN ARM MEHRMALS, UM EINEM AUTOFAHRER MITZUTEILEN, DASS ER LANGSAMER FAHREN SOLL.

HEBE DIE RECHTE HAND IN KOPFHÖHE, UM DEN VERKEHR ANZUHALTEN.

SEI FREUNDLICH: HEBE DIE HAND UND LÄCHLE, UM DICH ZU BEDANKEN!

ENDLOSE WEITEN

Zu Pferd reisen bedeutet auch sich Zeit nehmen, um die Gegend und die Menschen einmal anders kennen zu lernen. Manche Reisebüros haben sich darauf spezialisiert, Wanderritte auf der ganzen Welt, an traumhaft schönen Orten anzubieten. Einzige Bedingung: Man muss gut reiten können!

Am Meeresufer: Breite Sandstrände bieten dir Gelegenheit für wunderschöne Ausritte. Wenn du ein Gefühl unbändiger Freiheit erleben willst, dann lass dich berauschen von der Gischt der Wellen und vom Galopp.

SOMMER-RITTE

Die Schule ist vorbei, und deine Unterrichtsstunden im Reitstall sind es auch! Wie wäre es, wenn du die Ferien dazu nutzen würdest, Pferde auf eine ganz neue Art kennen zu lernen? Ein Ferienkurs, ein Ausritt in eine andere Region, ein paar Tage gemeinsam mit deiner Familie im Wohnwagen ... Denke dir etwas aus!

Château d'Augias, vue des écuries

Schloss von Augias, Blick auf die Stallungen

7. Juli

Halli-hallo, Wickie!

Wir sind gut im „Reiterhof der vier Jahreszeiten" angekommen. Der Kurs ist genial: Wir reiten drei Stunden pro Tag, helfen beim Putzen und Füttern der Pferde ... Gestern habe ich Popy geduscht und alle Schweifhaare verlesen. Klasse! Heute haben wir einen Ausritt gemacht, um das Schloss im Nachbardorf zu besichtigen. Echt hip, zu Pferd im Hof anzukommen!

1000 Küsse, deine Lisa

Popy, mein Pony

Wickie Ber
Frohstraße 2/8
23737 Hegenburg
Allemagne

PS: Die Briefmarke ist für deine Sammlung!

IM GALOPP RUND UM DIE WELT

INMITTEN VON PFERDEN LEBEN UND MIT IHNEN ARBEITEN ... WAS FRÜHER NORMAL WAR, IST HEUTZUTAGE EHER SELTEN GEWORDEN. DENNOCH GIBT ES AUF DER WELT IMMER NOCH MENSCHEN, DIE DIE ALTEN REITSTILE UND TRADITIONEN AUFRECHTERHALTEN.

DIE ARGENTINISCHEN GAUCHOS

Eiskalt im Winter, glutheiß im Sommer: Das ist die Pampa! Auch heute noch treiben dort tausende von Gauchos ihre Kuhherden. Ihre Pferde, die Criollos, sind echte Helfer für sie, intelligent und ausdauernd, mit einer außergewöhnlichen Lebenserwartung von fast 40 Jahren!

DIE COWBOYS

Um ihre Herden zu überwachen, benutzt man auf den großen Ranches in Westamerika Geländewagen oder sogar kleine Flugzeuge. Doch die Cowboys mit ihren treuen und blitzschnellen Quarterhorses bleiben auch weiterhin unersetzlich: Sie allein können ein Tier einfangen oder ein verirrtes Kalb aus einem Canyon holen.

DIE GUARDIANS DER CAMARGUE

Sie überwachen die Manaden, also Stierherden, die für die Arena bestimmt sind, und die kleinen grauen Pferde, die in nahezu völliger Freiheit im Rhône-Delta leben. Für den Guardian ist das Pferd unendlich wertvoll: Es wächst unter sehr rauen klimatischen Bedingungen heran (Sonne, Mistral-Wind, Mücken!), ist robust und genügsam und hat keine Angst vor Stieren.

DIE ITTEN, JAPANISCHE BOGENSCHÜTZEN

Yabusame, eine Art Bogenschießen zu Pferd, wird in Japan seit über 15 Jahrhunderten praktiziert. Auch heute noch finden heilige Zeremonien statt, bei denen die Reiter die Götter um Frieden und Reichtum für ihr Land anflehen.

DIE AUSTRALISCHEN STOCKMEN

Als die Australier Pferde durch Autos ersetzten, entließen sie ihre Pferde einfach in die Natur! Heute gibt es etwa 600 000 „Brumbys", die sich frei vermehrt haben. Die Stockmen – Reiter, die riesige Kuhherden durch den australischen Busch führen – fangen manchmal ein paar ein, um sie als Rodeopferde einzusetzen.

DIE ARABISCHEN REITER

Ihre komplexe und ausgefeilte Reitkunst reicht über 1 000 Jahre zurück! Im 18. Jahrhundert wurde die arabische Reitkunst – genannt *furûsyya* – in zahlreichen Schriften beschrieben. Die erworbenen Kenntnisse über Dressur, Zucht, Pflege sowie die allgemeine Lehre vom Pferd waren dort zusammengefasst.

DIE COW-BOYS

DER WESTERNSATTEL

Breite Steigbügel, Lederbänder, um das Gepäck zu befestigen, ein erhöhter Vorderzwiesel, um das Lasso zu befestigen: Das ist der Cowboysattel. Er ist so praktisch und bequem, dass viele Wanderreiter ihn benutzen.

SIE WURDEN DURCH DIE WESTERNFILME BEKANNT UND SIND DIE BERÜHMTESTEN ALLER REITER. DOCH WEIT MEHR ALS EINE LEGENDE IST COWBOYSEIN VOR ALLEM EIN BERUF!

Rodeo

Früher war der *Bronco Buster* für die erste Etappe verantwortlich. Er blieb so lange auf dem Rücken des Pferdes, bis es sich vor lauter Müdigkeit und Schmerzen geschlagen gab. Heute dauert diese Rodeoübung nur noch acht (lange) Sekunden!

JEDE RANCH BRANDMARKT IHRE TIERE MITHILFE EINES GLÜHENDEN EISENS: EIN ZEICHEN FÜR IHRE ZUGEHÖRIGKEIT ZUR VIEHHERDE.

Das Round-up

Einmal jährlich treiben die Cowboys das gesamte Vieh der Ranch zusammen: Die Tiere werden gezählt, gebrandmarkt und die Neugeborenen geimpft.

Abenteuerinnen des Wilden Westens

Im 19. Jahrhundert war der Westen Amerikas wie im Film: eine unerbittliche Welt ... in der jedoch ein paar Frauen den Durchbruch geschafft haben!

CHARLOTTE DARKEY PARKHUST (1812–1879)

Als Jugendliche floh sie aus dem Waisenhaus. Sie arbeitete als Stallbursche, wurde Postkutscher und lebte ihr ganzes Leben als Mann verkleidet!

CALAMITY JANE (1852–1903)

Schon mit 13 war sie eine berühmte Reiterin und handhabte meisterhaft den Colt! Mit 18 trat sie der Armee des Generals Custer bei, der den Krieg gegen die Cheyenne führte.

MÖCHTEST DU DAS WESTERNREITEN AUCH MAL PROBIEREN?

DIE MEXIKANISCHEN CHARROS

Die Arbeit dieser Reiter Mittelamerikas ähnelt der Aufgabe der Cowboys. Erkennungszeichen: ihr Sombrero aus fein geflochtenem Stroh oder Haaren des Angorakaninchens – was ein halbes Vermögen kosten kann!

Das Quarterhorse

Es kann blitzschnell aus dem Stand lospreschen, knapp wenden, aus dem Galopp heraus anhalten ... Damit ist es wie geschaffen dafür, riesige Kuhherden zu treiben, vor allem, da es einen guten Charakter hat.

WIE EINE INDIANERIN

DIE KRIEGER ZAHLREICHER STÄMME WIE DIE DER APACHEN BEMALTEN IHRE GESICHTER UND ZEICHNETEN MOTIVE AUF IHRE PFERDE, UM FEINDE ZU ERSCHRECKEN. DU KANNST ES AUCH SO MACHEN, DASS ES SCHLICHTWEG HÜBSCH AUSSIEHT!

Wie früher

Jede Adlerfeder war eine Belohnung für den Indianer (oder die Indianerin), ein Zeichen für Tapferkeit und Mut. Dieser alte Mann trägt den Kopfschmuck eines großen Häuptlings.

INDIANISCHE NAMEN …

…geben eine körperliche oder eine Charaktereigenschaft des Pferdes wieder: schwarzer Kopf, zwei weiße Strümpfe, verrücktes weißes Pferd …

„Shonk-a-wakan“

Fossilien beweisen es: In vorgeschichtlicher Zeit gab es Pferde in Amerika. Dann verschwanden sie vor 12 000 Jahren auf mysteriöse Art und Weise … Im 16. Jahrhundert brachten die spanischen Eroberer einige auf ihren Schiffen mit. Die Indianer der Steppen, die bis dahin Hunde als Zugtiere benutzt hatten, stiegen nun auf das Pferd um, das Shonk-a-wakan – das heißt „großer Hund“ oder „göttlicher Hund“ …

Eine unter vielen …

Im 15. Jahrhundert gab es mehr als 300 Indianerstämme, verteilt über ganz Nordamerika. Jeder sprach seine eigene Sprache, hatte seine eigene Kultur … So gab es tausende von Skulpturen, Schmuckstücken, Kostümen in ganz verschiedenen Stilrichtungen!

Indianer des 21. Jahrhunderts

Dieser Navajo hat das Cowboykostüm übernommen! Das traditionelle Kostüm zieht er bei Festen *(pow-wow)* an.

IDEEN

Zeichne Motive auf die Stirn, unter die Augen und auf die Flanken deines Pferdes und stecke ein paar schöne Federn in seinen Schopf.

IBERISCHE REITER

VAQUERO IN SPANIEN, CAMPINO IN PORTUGAL … DIESE REITER HÜTEN KUHHERDEN UND STIERE, DIE FÜR DIE ARENA BESTIMMT SIND. SIE SIND SEHR STOLZ AUF IHRE PFERDE UND HABEN EINEN AUSGEPRÄGTEN SINN FÜR FESTE. OLÉ!

Ferias

Im Mai treffen sich die andalusischen Reiter zu großen Feierlichkeiten in Sevilla und Jerez: Corrida, *doma vaquera, acoso y derribo* (ein Wettkampf, bei dem die Tapferkeit der Stiere getestet wird) … Für die Männer eine Gelegenheit, sich mit den traditionellen Kostümen zu schmücken, und für die Frauen die Chance, die schönste zu sein!

„ZÄHME DIE KUH"

Die spanische *doma vaquera* hat ihren Ursprung in der Arbeit der reitenden Kuhhirten; inzwischen ist sie zu einer Turnierdisziplin geworden. Sowohl die Kleidung der Reiter als auch Sattel und Zaumzeug müssen den andalusischen Traditionen entsprechen. Nach dem Vorführen der Pferde folgt die Dressurprüfung mit einem Pflichtprogramm und einer Kür.

IN DER ARENA

Anfangs wurde die Corrida von den Adligen zu Pferd praktiziert. Als sie im 18. Jahrhundert verboten wurde, begann die Bevölkerung mit dem Stierkampf zu Fuß. Heute ist die Corrida zu Pferd (portugiesische Corrida) wieder sehr beliebt. In Frankreich hat Marie Sara, eine berühmte Torera, zu ihrer Bekanntheit beigetragen.

Who's who?

In Spanien wird die reine spanische Rasse (Andalusier) gezüchtet, in Portugal der Lusitano. Diese Pferde sind sich sehr ähnlich, da sie gemeinsame Vorfahren haben. Sie teilen sich auch erstrebenswerte Eigenschaften: Robustheit, guter Charakter, Mut … Auch sind beide bei Dressurreitern sehr beliebt, wo ihnen unter anderem ihr Körperbau zugute kommt. Was Streitereien zwischen den Anhängern der beiden Rassen nicht ausschließt!

IBERISCHE ELEGANZ

Iberische Pferde gehören zu den Pferden mit besonders langer und voller Mähne. Die Pferde sind je nach Alter und Geschlecht verschieden herausgeputzt. Auf dem unteren Foto: die traditionellen Zöpfe der erwachsenen männlichen Pferde, wie sie bei der *doma vaquera* Standard sind.

DER SCHOPF WIRD ZU EINEM ZOPF AUS DREI STRÄNGEN GEFLOCHTEN: TEILE DIE MÄHNE AUF DER GESAMTEN LÄNGE IN ZWEI HAARREIHEN, LASSE DIE EINE AUF DIE RECHTE, DIE ANDERE AUF DIE LINKE SEITE FALLEN. FLICHT DIESE BEIDEN REIHEN EINZELN ZU ZÖPFEN.

Schulen für Perfektion

So wie das Cadre Noir in Saumur (Frankreich) halten die andalusische Hofreitschule und die portugiesische Schule die Traditionen der Reitkunst aus dem 18. Jahrhundert hoch. Außer den klassischen Übungen der hohen Schule (Courbette, Kapriole, Ballotade usw.) lernen die Pferde den „spanischen Schritt“: Sie schreiten langsam voran, wobei sie die Vorderbeine weit von sich strecken.

WIE DIE KOSAKEN

AUF SEINEM PFERD STEHEN, UM DEN FEIND ZU ERSPÄHEN … UNTER DEN BAUCH SEINES PFERDES GLEITEN, UM SÄBELHIEBEN ZU ENTGEHEN … IM 15. JAHRHUNDERT SPIELTE DIE REITEREI DER KOSAKEN BEI KRIEGERISCHEN AUSEINANDERSETZUNGEN EINE WICHTIGE ROLLE. DER URSPRUNG DIESES KUNSTSTÜCKS LIEGT BEI DEN RUSSISCHEN REITERN.

Kampferprobte Pferde

Für die Akrobatik der Kosaken, auch *djiguitovka* genannt, werden ausgezeichnete Pferde benötigt! Sie lernen sich nicht zu bewegen, sich hinzulegen, zu schwimmen, bei Schüssen ruhig zu bleiben …

DIE MÜTZE

1 Schneide zwei Rechtecke und einen Kreis aus einem nicht zu dicken Fellimitat aus. Die Länge der beiden Rechtecke zusammengenommen muss deinem Kopfumfang entsprechen (oder dem deines Helms, wenn du dein Kostüm zu Pferd trägst).

2 Nähe einen Saum an den langen Seiten der beiden Rechtecke.

3 Nähe die drei Teile zusammen (Innenseite nach außen gestülpt).

4 Stülpe sie wieder um.

Akrobatisch

Die Kosaken reiten stehend in einer Reihe, auf ihren Pferden im gestreckten Galopp. Diese Figur heißt „aufrechter Mann" oder „Stehender". Sie wird auch mit erhobenen Armen ausgeführt! Benutze einen langen Schal als Schärpe.

MÜTZE AUS UNECHTEM SCHAFFELL

NIMM EINEN LANGEN SCHAL ALS GÜRTEL

SEIDENBÄNDER UND ZICKZACKBORTEN

LANGÄRMELIGE TUNIKA MIT STEHKRAGEN

SCHWARZE HOSE

SCHWARZE STIEFEL

REITSTIEFEL UND REITHOSE SIND GENAU RICHTIG

REITER DER MONGOLEI

ERHÖHTER SATTEL

Die sehr leichten Pferde der Mongolei können ihre Reiter über lange Strecken tragen. Der Sattel ist so gebaut, dass sich das Gewicht des Reiters verteilt, und dank des über 15 cm erhöhten Sitzes wird der Rücken des Pferdes geschont.

UNMÖGLICH, OHNE PFERD IN DEN RIESIGEN STEPPEN MIT IHREN EXTREMEN KLIMAVERHÄLTNISSEN ZU LEBEN! DIE MONGOLEI HÄLT ÜBRIGENS EINEN WELTREKORD: ES GIBT DORT VIER MILLIONEN PFERDE FÜR 1,5 MILLIONEN EINWOHNER!

DAS LASSO

Jede Familie besitzt eine große Herde halbwilder Pferde. Bevor man sie reiten kann, muss man sie im gestreckten Galopp mit dem *uurga* einfangen, einer Art Lasso, das am Ende einer langen Stange befestigt ist.

Nomadische Züchter

Wie ihre Vorfahren vor 1 000 Jahren ziehen die Mongolen ohne Unterlass umher, auf der Suche nach neuen Weideflächen für ihre Pferde-, Schaf-, Yak- oder Ziegenherden. Sie leben in Jurten, Zelten aus Filz oder Leder.

Das Rennen des Jahres

Jedes Jahr am 11. Juli nehmen über 600 Kinder am *Naadam* von *Gal Shar* teil, einem Ausdauerritt über fast 40 km. Damit die Pferde möglichst wenig Gewicht tragen müssen, reiten die Teilnehmer manchmal ohne Sattel.

Sein Name ist seine Farbe

Die Mongolen geben ihren Pferden keine Namen: Sie benennen sie nach der Farbe ihres Fells. In ihrer Sprache verfügen sie über etwa 300 Wörter, um die verschiedenen Fellnuancen zu beschreiben.

„Ein Mongole fällt niemals vom Pferd …"

Die Kinder lernen reiten, sobald sie laufen können. Die begabtesten erhalten eine Belohnung: Sie dürfen ein weißes Pferd reiten. In ihren Augen das Schönste!

REITER DER EBENEN

AFGHANEN, TURKMENEN, UNGARN: IN ZENTRALASIEN UND IN OSTEUROPA REITEN DIESE VÖLKER SEIT URZEITEN AUF SICH ENDLOS HINZIEHENDEN EBENEN. IHRE PFERDE SIND KRAFTVOLL, TREU UND WUNDERSCHÖN.

SPIEL DER KIRGISEN

Bei den Tchabanen, Hirten aus Kirgistan (nordöstlich von Afghanistan) wird der Bozkachi *kok-par* genannt. Sie spielen auch den *kyzkumai*, bei dem die Reiter das Pferd der zu verheiratenden Mädchen verfolgen!

Die afghanischen Chopendos

Zur Zeit des Dschingis Khan, im 13. Jahrhundert, bekämpften sich die Reiter bei großen Bozkachi-Spielen, auch „Ziege-Entreißen" genannt. Die Männer stritten im vollen Galopp um eine tote Ziege, die etwa 40 kg wog. Und es war fast alles erlaubt!

Nationalstolz

Als Turkmenistan im Jahre 1991 seine Unabhängigkeit erlangte, wurde der Achal-Tekkiner zum „Nationalgut" erhoben und auf dem Wappen seines Landes abgebildet.

WAPPEN TURKMENISTANS

WIE DIE TURKMENEN REITEN

Früher zogen alle turkmenischen Krieger mit zwei Pferden in den Krieg. Jedes trug seinen Reiter einen Tag und ruhte sich am nächsten aus, wobei es als Handpferd am Strick hinterherlief. Eine schlaue Lösung, um jeden Tag ein „frisches" Pferd zu haben – und beeindruckende Distanzen zurücklegen zu können!

Die Turkmenen

Dieses Reitervolk züchtet traditionsbewusst eine der ältesten Rassen der Welt. In den Augen der Turkmenen ist nichts so wertvoll wie der Achal-Tekkiner: genügsam, schnell und so wendig, dass er sich wie eine Schlange vorwärts bewegt … Heutzutage ist das Pferd bei Rennen sehr gefragt und in Frankreich, Amerika, Italien, Österreich usw. zu Hause. Es hat immer mehr Bewunderer.

Die ungarischen Czikos

Sie sind noch ein paar dutzend, die in den mit Gras bedeckten Steppen die grauen Stiere und die Racka-Schafe mit ihren gedrehten Hörnern hüten. Die Czikos sind Experten in Sachen Dressur und Akrobatik.

WIE EIN CZIKO

Das blaue Kostüm der ungarischen Reiter ist prächtig und nützlich zugleich. Der Wind, der beim Galoppieren unter die weite Kleidung bläst, hilft ihm die Hitze zu ertragen.

Ungarische Post

Diese Figur ist die Spezialität und der Stolz der Czikos. Der Reiter, je ein Bein auf der Kruppe eines Pferdes, kann so bis zu sieben Pferde vor sich im Galopp hertreiben!

DIE KOPFBEDECKUNG

DIE LÄNGE ENTSPRICHT DEM UMFANG DEINES HELMS

1 Schneide nach dieser Vorlage ein Modell aus Karton aus. Bedecke ihn mit schwarzem Filz.

KLETT-VERSCHLUSS

KLETT-VERSCHLUSS

2 Klebe den Klettverschluss an beide Enden, damit du das Modell um deinen Helm schließen kannst.

REITHELM

BREITE ÄRMEL

TUNIKA

HOSENROCK

SCHWARZE ÄRMELLOSE WESTE MIT VERGOLDETEN KNÖPFEN

WAHRE KAMERADEN

Die Nonius-Pferde sind die Nachkommen eines Hengstes aus der Armee Napoleons und einer ungarischen Stute. Weil sie gefügig und zäh sind, werden sie auch zum Bestellen von Feldern angespannt.

REITER NORD-AFRIKAS

IM MAGHREB LEBEN NOCH BEDUINEN, DEREN GRÖSSTER SCHATZ DAS PFERD IST. ABER NICHT IRGENDEIN PFERD! DAS ARABISCHE PFERD, „SOHN DES WINDES“, IST EIN WAHRER HERRSCHER …

Familienmitglied

Man sagt, das junge Pferd schläft mit den Kindern im selben Zelt. Schon früh legt man ihm einen kleinen Sandsack auf den Rücken, damit es sich an das Gewicht eines Reiters gewöhnt. Mit Sanftheit und Respekt erzogen, hat es eine starke innere Verbundenheit mit seinen Herren.

Internationaler Star

Genügsam, schnell, mit viel Durchhaltevermögen … Für viele Reiter besitzt der Araber alle diese Qualitäten, außerdem Noblesse und Schönheit! Inzwischen wird er auf der ganzen Welt gezüchtet und die schönsten unter ihnen verkaufen sich für bis zu mehrere Millionen Euro.

SELTSAME ERNÄHRUNG

In der Wüste lässt der Regen des Öfteren auf sich warten. Wenn das Gras wirklich knapp wird, bekommt das Pferd angeblich das Gleiche wie die Menschen: Milch der Kamelstute, trockene Datteln und manchmal gegrillte Heuschrecken!

NOBLE ABSTAMMUNG

Es wird erzählt, dass Mohammed eines Tages sein Lager in der Nähe eines Flusses aufschlug, ohne seine Pferde trinken zu lassen. Schließlich ließ er sie frei, rief jedoch fast im gleichen Augenblick zur Schlacht. Nur fünf Stuten hörten auf zu trinken und folgten seinem Ruf: Saklaouia, Koheila, Obeya, Hamdan und Hadan. Sie gelten als die Begründerinnen der arabischen Rasse. Ihre Nachkommen sind *asil* (rein). Die Beduinen kreuzen sie seit 14 Jahrhunderten ausschließlich untereinander.

Die Fantasia

Sein Gewehr in die Luft werfen und es wieder auffangen, einen auf dem Boden liegenden Gürtel aus dem Galopp aufheben, das Pferd während des Rittes wechseln … Auf diese Art übten die Krieger der Nomaden Blitzangriffe auf benachbarte Stämme. Später wurden diese Übungen zu Spielen mit dem Namen Fantasia. Heute sind sie ein Teil traditioneller oder religiöser Spiele.

REITERIN DER WÜSTE

DIE REITER SÜDAFRIKAS UND DES MITTLEREN ORIENTS KLEIDEN SICH OFT IN WEISS, UM SICH VOR DEN STRAHLEN DER SONNE ZU SCHÜTZEN. AN FESTTAGEN TAUSCHEN SIE IHRE KLEIDUNG GEGEN EIN FARBENFROHES KOSTÜM AUS UND SCHMÜCKEN IHRE PFERDE.

In Jordanien

Die Beduinen leben in der Wüste des *Wadi-Rum*, im Süden des Landes. Sie organisieren große Dromedarrennen, trainieren aber auch wunderschöne Vollblutaraber, die ihnen seit ihrer Kindheit vertraut sind.

DAS PFERD TRÄGT JAGDSCHMUCK AUS PERLEN UND QUASTEN DES WADI-RUM.

WUNDERSCHÖN!

Dieses Kostüm ähnelt dem Reitkostüm der *Doggari*-Reiter aus Kamerun, der persönlichen Leibwache des Lamido (Herrscher) von Rey – einem Gebiet mit etwa 30 000 Quadratkilometern.

SCHÖNE KETTE, NICHT WAHR? KREIERE SELBST WEITERE MODELLE: WÄHLE DEINE FARBEN, REIHE DIE PERLEN AUF WOLLFÄDEN ...

RUNDE QUASTEN

1 Lege zwei Kartonkreise mit einem Durchmesser von je 6 cm und einem Loch in der Mitte (Durchmesser: 2 cm) aufeinander.

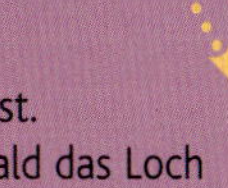

2 Wickle den Wollfaden um die Scheiben, indem du ihn regelmäßig durch das Loch führst. Verknote die beiden Enden miteinander, sobald das Loch dicht gefüllt ist. Führe die Spitze einer Schere zwischen die beiden Scheiben und schneide die Wolle durch.

3 Ziehe die beiden Scheiben auseinander und verschnüre die Quaste mit einem Wollfaden, den du am Stirnriemen deines Pferdes oder an einem Jagdgeschirr befestigen kannst.

DEINE PERSÖNLICHE SHOW

EINE AUFFÜHRUNG FÜR ELTERN UND FREUNDE, DAMIT SIE DEINEN REITVEREIN KENNEN LERNEN? GUTE IDEE! ABER EIN GELUNGENES FEST KANN MAN NICHT IN LETZTER MINUTE AUS DEM ÄRMEL SCHÜTTELN!

INFO

DIE QUADRILLE

Es handelt sich um eine Figurenabfolge (Volten, halbe Bahn, Diagonalen…), die von mehreren Reitern im Takt der Musik vorgeführt wird. Es erfordert viele Übungsstunden, wenn man lernen will, in einer Reihe zu reiten, sein Pferd in einer regelmäßigen Gangart zu halten, einem streng vorgeschriebenen Weg zu folgen…

3 MONATE VORHER

Wir legen los!

Erstes Treffen: Gute Ideen sammeln! Besprecht die Shownummer mit eurem Reitlehrer. Beteilige dich je nach Geschmack oder Begabung an einer Akrobatiknummer, einer Vorführung im Springreiten… Was am Ende einer Aufführung immer gut ankommt: die Quadrille.

Die Feinheiten

2 MONATE VORHER

Die Shownummern sind ausgewählt: Der Count-down hat begonnen! Überlegt euch jetzt ein Motto für eure Show und wählt die Begleitmusik aus. Übt nach jeder Reitstunde!

VERKLEIDET EUCH!

Reiterinnen aus aller Welt

Nehmt dieses Buch zu Hilfe, um eine Inszenierung und Kostüme nach den Traditionen der Reitervölker zu entwerfen. Lasst euch von einer wahren Geschichte inspirieren oder erfindet eine, indem ihr euch auf die fremde Lebensweise und die Legenden stützt.

6 WOCHEN VORHER

Proben, proben, proben!

Jedes Detail, jeder Handgriff muss sitzen, damit die Vorführung perfekt wird!

4 WOCHEN VORHER

Die Tage sind gezählt …

Alles klappt?! Dann wird es Zeit, sich um die Plakate zu kümmern: Erfindet einen witzigen, gut leserlichen „Blickfang". Bittet um die Erlaubnis, jeweils ein Plakat in der Schule, in Geschäften usw. aufhängen zu dürfen.

7 TAGE VORHER

Generalprobe

Ohne Dekoration oder Kostüme, aber mit viel Talent und Spaß!

FEST-TAGE

DAS PUBLIKUM DRÄNGELT SICH UM DAS ZELT HERUM. HINTER DEN KULISSEN HALTEN ALLE DEN ATEM AN ... BALD WERDEN DIE ERSTEN TÖNE DER MUSIK ERKLINGEN: AUF GEHT'S, IHR KÜNSTLERINNEN!

Letzter Schliff

Die Hauptdarsteller werden herausgeputzt.

PFERDE – GANZ SCHICK!

EIN **SCHACHBRETTMUSTER** AUF DER KRUPPE UND EINE **GEFLOCHTENE MÄHNE** ...

SCHACHBRETT-MUSTER

1• Fahre mit einem nassen Schwamm über die Kruppe deines Pferdes und lege eine spezielle Schablone darauf. Bürste die Haare mit einer weichen Bürste gegen den Strich.

2• Ziehe die Schablone vorsichtig ab und fixiere das Motiv mit ein wenig Haarspray oder Gel.

DU KANNST AUCH LINIEN MIT EINEM KAMM ZIEHEN.

ZÖPFE FLECHTEN

1 Teile die Mähne in gleich große Strähnen und flicht sie zu Zöpfen. Klappe jeden Zopf einmal um und befestige ihn mit einem Gummiband.

2 Biege jeden Zopf ein zweites Mal Richtung Ansatz. Binde die „Nestchen" anschließend mit einem Gummiband fest.

Etwas aufwändiger: Flechten auf die andalusische Art.

HERSTELLUNG EINER SCHABLONE

Nimm eine Kunststofffolie im Format DIN A4. Zeichne mit wasserfestem Filzstift in regelmäßigen Abständen kleine Quadrate auf: sieben in der obersten Reihe, dann sechs, dann fünf ... bis zu einem. Bitte einen Erwachsenen, die Quadrate mit einem Cutter auszuschneiden. Deine Schablone ist fertig!

DEN SCHWEIF FLECHTEN

1. Verlies den Schweif, nachdem du ihn nass gemacht hast.
2. Flicht aus einer mittigen Haarsträhne einen Zopf, wobei du nach und nach die seitlichen Strähnen mit einflichtst.

UM DIE ZÖPFE ZU VERSCHÖNERN, FLICHT BUNTE BÄNDER MIT EIN.

DU KANNST MIT EINEM EINFACHEN ZOPF AUFHÖREN.

SCHÖN, NICHT WAHR? DAMIT DIE HAARE NICHT ABBRECHEN, MACHE DEN ZOPF NACH DER VORFÜHRUNG WIEDER AUF!

FOTO-AUSSTELLUNG

Eure stolzen Eltern werden viele Fotos von euch machen … Beim nächsten Kursbeginn könnt ihr die nettesten ausstellen!

Abschließender Gruß

Bringe deinem Pferd das Grüßen bei …

- Klopfe mit der Gerte auf ein Vorderbein deines Pferdes. Ermutige es, das Bein ein paar Augenblicke in der Waagrechten zu halten.

Bahn frei für die Show!

Es geht los … Die Darbietungen lösen sich ab. Am Schluss grüßen die Artisten das Publikum.

- Benutze immer dieselben Worte und Gesten, bleibe geduldig und belohne es nach jedem Fortschritt!

VORBEREITUNG AUF DIE REITABZEICHEN

BEIM SCHWIMMEN GIBT ES DIE SEEPFERDCHEN, BEIM JUDO DIE GÜRTEL ... UND BEIM REITEN DIE REITABZEICHEN! WIE BEKOMMT MAN DIE?

WIE VIELE REITABZEICHEN?

Das „Kleine Hufeisen" ist die erste von mehreren Prüfungen mit steigendem Schwierigkeitsgrad. Das Kleine und das Große Hufeisen sind recht einfach. Beim Reiterpass wird es schwieriger. Und für die letzte Prüfung, das silberne Reitabzeichen oder das Dressurabzeichen, wird ein sehr hohes Niveau verlangt!

Was bedeutet „Reitabzeichen"?

Es sind Prüfungen der Deutschen Reiterlichen Vereinigung e. V. (FN). Prüfungen zu Hufeisen, Reiterpass und Reitabzeichen werden meist im Reitverein abgelegt.

Wann legt man sie ab?

Das kommt ganz auf deine Fortschritte an. Die ersten beiden kann man in einem Jahresabstand absolvieren (du musst das Kleine Hufeisen haben, bevor du das Große machen darfst, usw.). Aber du kannst dir auch mehr Zeit lassen. Jeder hat seinen eigenen Rhythmus! Ab dem Reiterpass braucht man oft etwas länger, um weiterzukommen. Natürlich spielt es eine Rolle, wie oft du reitest. Je regelmäßiger du reitest, desto schneller machst du Fortschritte.

Wozu sind die Reitabzeichen gut?

Um herauszufinden, was du kannst; um Fortschritte zu machen, indem sie dir genaue Ziele setzen; um deine Kenntnisse über Pferde zu vertiefen (Anatomie, Psychologie, Pflege, Ernährung …). Außerdem braucht man sie, um bei offiziellen Wettkämpfen mitmachen zu dürfen oder um bestimmte Berufe auszuüben. Ein zukünftiger Reitlehrer muss alle Reitabzeichen erworben haben.

THEORIE

WIE SIEHT DAS PROGRAMM AUS?

VOR DEM 16. LEBENSJAHR:

DAS „KLEINE HUFEISEN"

Ziel: Beweisen, wie gut man die Grundlagen des Reitens und den Umgang mit Pferden beherrscht.

- **Pflege:** elementares Putzen, sich dem Pferd nähern, ihm ein Halfter anlegen, es anbinden, an der Hand in die Halle führen, das Halfter abnehmen und absatteln.
- **Praxis:** im Schritt reiten und anhalten, einfache Bahnfiguren ausführen, anhalten. Antraben, aussitzen und aus dem Trab anhalten, vom Trab wieder in den Schritt durchparieren. Galoppieren.
- **Theorie:** die wichtigsten Körperteile und Fellfarben des Pferdes benennen. Grundkenntnisse bezüglich Pferdehaltung, Fütterung, Tierschutz, Sicherheitsvorschriften, Putz- und Ausrüstungsgegenständen, Sitz- und Hilfengebung sowie Hufschlagfiguren.

Vor dem 18. Lebensjahr: das „Große Hufeisen"

Ziel: komplettes Putzen, das Pferd aufzäumen und satteln, Beherrschen der drei Grundgangarten, Sprünge im leichten Sitz über Cavalettis.

MERKE!

REGELMÄSSIG IN DEM HEFT NACHLESEN, DAS ICH DAS GANZE JAHR ÜBER GEFÜHRT HABE. SCHON ERSTAUNLICH, WAS ICH ALLES WEISS!

NICHT AUF DAS DUMME GEREDE VON FREUNDINNEN HÖREN („DAS IST IRRE SCHWER", „ANNA HAT ES NICHT GESCHAFFT, WEIL SIE EINE TOTAL SCHWIERIGE FRAGE ÜBER EIN THEMA ERWISCHT HAT, DAS WIR NIE DURCHGENOMMEN HABEN", USW.).

EIN WENIG GESTRESST? ZU HAUSE IN MEINEM ZIMMER MACHE ICH IN ALLER RUHE MEINEN KOPF FREI, ATME TIEF UND LANGSAM … UFF, DAS ENTSPANNT!

DER PRÜFER IST NICHT DAZU DA, UNS FALLEN ZU STELLEN. ER HAT NICHT VOR DEN SCHÜLERN DAS REITEN ZU VERLEIDEN, ALSO GANZ BESTIMMT NICHT!

„BITTE, MAMA, HILF MIR BEI DER THEORIE!" – ES IST LEICHTER ZU ZWEIT UND MAMA GEFÄLLT ES, MEINE BEGEISTERUNG ZU TEILEN!

LISAS TAGEBUCH

Ich habe es geschafft! Mama und Papa hatten Recht (und das ärgert mich ein bisschen): Sie haben sich immer gefragt, warum ich mir eigentlich so viele Sorgen mache … Na ja, Hauptsache bestanden! Trotz allem: Ich schwöre, dass die Prüfung des „Kleinen Hufeisens" mir helfen wird die nächste zu schaffen – und zwar um einiges cooler!

DEIN EIGENES PFERD

EIN PFERD ZU BESITZEN IST WOHL DER TRAUM JEDES REITERS. DEINE ENTSCHEIDUNG DARF JEDOCH NICHT AUS EINER LAUNE HERAUS GETROFFEN WERDEN: VERGISS NICHT, DASS DAS GLÜCK DEINES „KAMERADEN“ VON DIR ABHÄNGT! WÄGE GUT DAS FÜR UND WIDER AB …

ANTWORTE, OHNE ZU SCHUMMELN!

- Du wirst jeden Tag – ausnahmslos! – viel Zeit mit deinem Pferd verbringen müssen. Bist du bereit dich dazu zu verpflichten? JA ☐ NEIN ☐
- Trotz allem darf die Leistung in der Schule nicht darunter leiden! Bist du sicher beides zu schaffen? JA ☐ NEIN ☐
- Bist du fähig deinem Pferd all die Pflege angedeihen zu lassen, auf die es ein Anrecht hat (Fütterung, Gesundheit …)? JA ☐ NEIN ☐
- Weißt du schon, wo es unterkommen wird? BEI DIR ☐ BEI EINER FREUNDIN ☐ IM REITVEREIN ☐
- Wer kümmert sich um deinen Liebling, wenn du im Urlaub bist? FAMILIE ☐ FREUNDIN ☐ JEMAND AUS DEM VEREIN ☐
- Hast du einmal ausgerechnet, was sein Unterhalt kostet (Nahrung, Tierarzt, Hufschmied …)? Hast du Lösungen bereit, um die Kosten zu decken? JA ☐ NEIN ☐

EIN MÄDCHEN, VIELE PFERDE

Hat die Paula ein Glück! Ihr Vater ist Hufschmied, ihre Mutter Reitlehrerin … und bei ihnen zu Hause, auf einem Gut in der Lüneburger Heide, ziehen sie elf eigene Pferde groß!

Du hast alle Fragen mit JA beantwortet? Dann sprich mit deinen Eltern! Falls sie nicht einverstanden sind, sei nicht beleidigt – vielleicht akzeptieren sie es in einem oder zwei Jahren, wenn du es dann immer noch willst.

Und selbst wenn es dir heute in weiter Ferne erscheint: Du kannst dir diesen Traum erfüllen, sobald du erwachsen bist und genug Geld verdienst. Hab Geduld, es lohnt sich: Deine Leidenschaft wird dadurch nur verstärkt!

Die richtige Wahl

Hurra, sie sind einverstanden! Wie finde ich nun das Pferd meiner Träume?

DER IDEALE KANDIDAT

Ein Fohlen ist niedlich, aber ein Reitpferd will gut ausgebildet sein! Ein kleines Pony ist gut für den Anfang, aber du wirst wachsen und das Pony nicht! Um die richtige Wahl zu treffen, bedenke auch dein Niveau im Reiten, die zukünftigen Lebensbedingungen deines Pferdes, die Aktivitäten, die du mit ihm unternehmen willst (Wanderritte, Turniere) …

WO FINDE ICH ES?

Auf Pferdeauktionen und Messen hast du die Möglichkeit, viele Rassen zu sehen und die Züchter zu befragen. Deine Wahl ist getroffen? Besuche die Züchter, lies Annoncen in Pferdezeitschriften!

SICH NICHT TÄUSCHEN

Empfohlen: Bitte einen erfahrenen Reiter oder deinen Reitlehrer dich bei den verschiedenen Stadien deiner Suche zu begleiten und reite eine Proberunde auf dem Pferd, das du zu kaufen gedenkst!

Unerlässlich: Bitte einen Tierarzt vor dem Kauf das Pferd zu untersuchen. Er wird darauf achten, dass es nicht krank ist, keine versteckten Fehler hat (Lahmheit, Ticks …) und dass es ordnungsgemäß geimpft wurde. Versichere dich, dass es im Stutbuch geführt wird, falls du auf die Abstammung Wert legst.

NIE ALLEIN!

Ein Pferd braucht Gesellschaft. Wenn du vorhast, es auf der Koppel zu halten, sieh zu, dass du die Weide mit einem anderen Pferdebesitzer teilst, oder versorge dein Pferd mit einem kleinen Kameraden (Ziege, Schaf …).

LISAS TAGEBUCH

Ende meines Heftes … Morgen fahre ich ans Meer. In einem Monat sehe ich alle „meine" Pferde, die Freundinnen und den Reitstall wieder. Ich kann es kaum erwarten! Aber da ich (anscheinend) unverbesserlich bin, habe ich in meinen Rucksack lauter Romane gesteckt, die ich am Strand lesen will: natürlich Geschichten über …

Pferde!

KLEINES LEXIKON DER PERFEKTEN REITERIN

HIER NOCH EIN PAAR DEFINITIONEN, DIE SICH AUF PFERDE, PONYS UND IHR UMFELD BEZIEHEN. ES GIBT VIELE WEITERE BEGRIFFE: STELLE DIR EIN WÖRTERBUCH ZUSAMMEN, IN DEM DU NACH UND NACH DEINE ENTDECKUNGEN EINTRÄGST!

A

Absteigen: Vom Pferd steigen; scherzhaft auch für „herunterfallen".

Ausschlagen: Mit den Hinterbeinen schlagen, evtl. auch mit den Vorderbeinen.

B

Beinzeichnungen: Weiße Zeichnungen (Söckchen, Strümpfe) an den Beinen.

Beschlag: Anbringen der Hufeisen, zuvor Entfernen des überschüssigen Horns und Formgebung der Hufe, um eine korrekte Fußstellung zu gewährleisten.

C

Chapsletten: Gamaschen, die der Reiter über seiner Hose trägt, um sich vor Reibung und Druck zu schützen.

E

Ethologie: Verhaltensforschung. Die Pferdeflüsterer stützen sich für die Dressur auf Erkenntnisse der Verhaltensforschung.

F

Führstrick: Am Halfter befestigter Strick, um das Pferd zu halten, zu führen und anzubinden.

G

Gangart: Die Fortbewegungsart des Pferdes; die Grundgangarten sind Schritt, Trab und Galopp.

Geschirr: Alles, was man zum Kutschfahren oder für die Feldarbeit braucht.

Gestüt: Einrichtung, in der Hengste und Stuten zur Fortpflanzung und Veredelung und zum Erhalt der Rasse gezüchtet werden.

H

Haarkleid: Farbe des Fells und der Langhaare.

Hengst: Der Zucht vorbehaltenes männliches Pferd.

Hilfen: Die Zeichen, mit denen sich der Reiter seinem Pferd verständlich macht. Man unterscheidet „natürliche Hilfen" (Hände, Beine, Stimme, Körpergewicht) und „künstliche Hilfen" (Gerte, Sporen usw.).

Hinterhand: Alle Körperteile des Pferdes, die hinter der Hand des Reiters liegen, wie Kruppe, Schweif und Hinterbeine.

J

Jährling: So nennt man die Fohlen zwischen ein und zwei Jahren.

K

Koppel: Eingezäunte Wiese oder sonstiger Ort im Freien, an dem die Pferde sich frei bewegen können.

Kötenbehang: Haarbüschel hinten am Fesselgelenk; sie sind mehr oder weniger lang und schützen die empfindlichen Teile des Fußes vor Nässe, Schlamm usw.

L

Laden: Zahnloser Teil des Pferdemauls zwischen den Schneide- und Backenzähnen; hier wird das Gebissstück eingelegt.

Lager: Stroh oder Sägespäne, mit denen man den Boden des Stalls auslegt, zum Schutz vor Kälte und zur Aufnahme des Urins.

Langhaar: Mähne und Schweif des Pferdes.

Longe: Lange Leine, an der Pferde im Kreis laufen, entweder fürs Training ohne Reiter oder zur Sicherheit für Anfänger bzw. beim Voltigieren.

M

Mash: Nahrhaftes, aber bekömmliches Futter (warm!), das man im Winter bzw. kranken Tieren oder bei Verdauungsproblemen verabreicht.

Mundstück: Gebiss; metallenes Teil der Trense oder Kandare, das sich im Pferdemaul befindet. Mit den Zügeln verbunden, hilft es dem Reiter sein Pferd zu führen.

O

Ohren anlegen: Wenn das Pferd verärgert ist, legt es die Ohren flach nach hinten.

P

Pass: Besondere Gangart, bei der das Pferd gleichzeitig das Vorder- und Hinterbein derselben Seite vorwärts bewegt; sehr angenehm für den Reiter.

Putzen: „Schönheitspflege" des Pferdes mit Striegel und verschiedenen Bürsten.

Q

Quadrille: Parade, bei der die Reiter in kleinen Gruppen symmetrische und synchrone Figuren ausführen; oft durch Musik untermalt.

R

Rappe: Schwarzes Pferd mit schwarzer Mähne ohne Kopf- oder Beinzeichnung.

Reithalle: Überdachtes Gebäude für den Reitunterricht.

Reitplatz: Durch Stangen (Schranken) eingezäunter Sandplatz im Freien, auf dem geritten wird.

S

Satteldecke: Liegt zwischen Sattel und Pferderücken; nimmt den Pferdeschweiß auf.

Schweißmesser: Lange, nicht scharfe Klinge, mit der der Pferdeschweiß nach einem Ritt oder Wasser nach einer Dusche entfernt wird; früher aus Metall, heute vielfach aus Plastik oder Hartgummi.

Sitz: Fähigkeit des Reiters, in jeder Situation sein Gleichgewicht zu halten. Ein Reiter hat einen guten oder schlechten Sitz, je nachdem, ob er sich gut oder schlecht im Sattel hält.

Stallhalfter: Kopfgeschirr, das mit einem Strick verbunden wird, um ein Pferd zu führen oder festzubinden.

Stern: Weißes Zeichen auf der Stirn.

Striegel: Bürste mit Zahnung oder Gummispitzen, mit der grober Schmutz aus dem Fell gebürstet wird.

Stutbuch: Ahnenbuch, in dem alle Pferde derselben Rasse verzeichnet und offiziell anerkannt sind, sodass sie „Papiere" haben.

T

Tick: Schlechte Angewohnheit, die das Pferd oft aus Langeweile annimmt.

Trense: Reithalfter, das über den Pferdekopf gezogen wird und der Führung dient; Standardzäumung für Reitpferde.

V

Vibrissen: Tasthaare an Nase und Lippen des Pferdes.

Vorhand: Alle Körperteile des Pferdes, die vor der Reiterhand liegen, wie Kopf, Hals und Vorderbeine.

W

Widerrist: Wölbung am Übergang von Hals und Rücken des Pferdes.

Z

Zaumzeug/Zäumung: Das Zubehör, das der Mensch den Pferden an den Kopf hängt, um es zu lenken.

Zuchtstute: Stute, die für die Fortpflanzung (Zucht) bestimmt ist.

Zügel: Mit dem Gebiss verbundene Lederriemen, mit denen die Zügelhilfen gegeben werden.

HIER IST PLATZ FÜR EIGENE LEXIKONEINTRÄGE:

REGISTER

HILFREICHE ADRESSEN

Es gibt viele Organisationen, Verbände, Museen, Künstler, die sich um Pferde kümmern, sie schützen, sie in Szene setzen ... Die folgenden Adressen können dir eines Tages nützlich sein!

Für Pferdefreundinnen gibt es unzählige interessante Adressen: Halte die Augen und Ohren offen und vervollständige dein Adressbuch, indem du selbst Adressen hinzufügst.

Deutsche Reiterliche Vereinigung (FN)
Freiherr-von-Langen-Straße 13
48231 Warendorf
Tel. 0 25 81/6 36 20
E-Mail: fn@fn-dokr.de
Internet: www.pferd-aktuell.de

Vereinigung der Freizeitreiter in Deutschland e.V. (VFD)
Am Bauernwald 5b
81739 München
Tel. 01 71/4 20 15 21
E-Mail: bundesvorstand@vfdnet.de
Internet: www.vfdnet.de

DGH Deutsche Gruppe für Hippotherapie
c/o Sabine Lamprecht
Einsteinstraße 10
73230 Kirchheim/Teck
Tel. 0 70 21/5 95 84

EWU – Erste Westernreiter Union Deutschland e.V.
Wallenbrücker Straße 24
49328 Melle
Tel. 0 52 26/98 96 96

VDD – Verein Deutscher Distanzreiter und -fahrer e.V.
Habichtstraße 77
45527 Hattingen
Tel. 0 23 24/2 38 41

Deutsches Pferdemuseum
Holzmarkt 9
27283 Verden/Aller
Tel. 0 42 31/80 71 40
E-Mail: pferdemuseum@t-online.de
Internet: dpm-verden.de/-17k-

Haupt- und Landgestüt Marbach
72532 Marbach

HIER KANNST DU WEITERE ADRESSEN NOTIEREN

DEUTSCHER TIERSCHUTZBUND E.V.
Baumschulallee 15
53115 Bonn
Tel. 02 28/60 49 60 (oder 6 04 96 40)
Internet: www.tierschutzbund.de

BUNDESVERBAND TIERSCHUTZ E.V.
Walpurgisstraße 40
47441 Moers
Tel. 0 28 41/2 52 44 (oder 2 62 36)
Internet: www.bv-tierschutz.de

www.pferde-schutz.de
www.pferdeschutz.org
www.pferde-notruf.de

FOHLENNOTDIENST
(für mutterlose Fohlen)
Hof Voss
Bardowicher Straße 6
21357 Wittdorf
Tel. 0 41 33/72 71
Internet: www.fohlennotdienst.de

- Die Kostüme auf S. 80/81, 84/85, 90/91 und 94/95 wurden von **Marion Brunon** entworfen und hergestellt.
- Wir danken Décathlon (Portet-sur-Garonne) für das geliehene Material und die Kleidung sowie Ibero Import (Rodez) für die geliehenen Kostüme von S. 83 (r).

FOTONACHWEIS

BIOS
Klein/Hubert: Cover vorne (MM), S. 6-7, S. 67 (Mr), S. 76 (Ml), S. 77 (ul), S. 82-83, S. 94 (M), S. 95 (ul); Klein: S. 18 (u); Muriel Nicolotti: S. 39 (u); Gunther Michel: S. 86.

BLUE BOX
Ronald Wittek: S. 41 (M); Manuel Behrendt: S. 51 (Ml); Reiner Harscher: S. 76 (ur); Harald Lüder: S. 88; Bernd Liedtke: S. 89 (ur).

BRIDGEMAN-GIRAUDON
S. 51 (Mr).

CHEVAL D'AVENTURE/ANNE MARIAGE
S. 87 (ol, u).

COGIS
Labat: Cover vorne (ol), S. 5 (ol), S. 38 (Ml); Farissier: Cover vorne (Mr), S. 5 (Mr), S. 39 (Mr), S. 45 (u), S. 80 (Ml), S. 92 (u); Monnier: S. 17 (u), S. 45 (M), S. 55 (or), S. 61 (M), S. 102 (ul); Miriski: S. 44 (Ml), S. 73 (or), S. 79 (Ml), S. 82 (Ml, ur), S. 97 (o), S. 98 (ur), S. 99 (M); Delaborde: S. 77 (o); Gissey: S. 79 (ur), S. 93 (o); Hermeline: S. 83 (M); Vidal: S. 93 (u); Varin: S. 98 (ul).

COLIBRI
L. Chaix: S. 23 (M); J. Delpech: S. 38 (ul); F. und J.-L. Ziegler: S. 45 (or), S. 50 (l), S. 65 (or); J.-A. Mayet: S. 57 (M); L. Chocat: S. 57 (ul); Magnin: S. 59 (ul); J. Joannet: S. 68 (Mr); P. Fontaine: S. 80–81; D. Alet: S. 96; R. Toulouse: S. 99 (or); C. Baranger: S. 99 (ol); J.-Y. Lavergne: S. 101 (o).

GILLES DELABORDE
S. 47 (ur), S. 58 (ur), S. 65 (ol, M), S. 70 (u), S. 71 (or), S. 78, 79 (o), S. 81 (or), S. 84 (M), S. 85 (M).

HOA-QUI (AGE)
S. 87 (Mr).

MILAN/P. MASSACRET
Cover vorne (or, großes Foto), Cover hinten (ur), S. 5 (or), S. 8 (u), S. 10, S. 12, S. 13, S. 14 (ul, ur), S. 15 (u), S. 16 (Ml, M, Mr), S. 17 (o, Ml, Mr), S. 18 (ol, or), S. 19 (ul, uM, ur), S. 20, S. 21, S. 22, S. 23 (o, u), S. 24, S. 25, S. 26, S. 27, S. 28, S. 29, S. 31, S. 33, S. 36, S. 37 (or, Mr), S. 38 (Mr), S. 39 (o), S. 46, S. 47 (ol, or, ul), S. 48, S. 50 (ur), S. 56, S. 62, S. 69, S. 70 (ur), S. 72 (o), S. 73 (Ml), S. 80 (o, u), S. 81 (M, u), S. 83 (r), S. 84 (o, u), S. 85 (o, u), S. 90 (o, u), S. 91 (o, u), S. 94 (o, u), S. 95 (o).

S. 75 (ur): DR.

OPTIPRESS
Sabine Stuewer: Cover vorne (ul), S. 8 (o), S.17 (M), S. 34, S. 40–41 (M), S. 89 (M), S. 103; Bob Langrish: S. 16–17 (M), S. 19 (o), S. 37 (ol), S. 51 (ur), S. 57 (ur), S. 58 (o), S. 61 (ur), S. 63, S. 74, S. 77 (ur), Cover hinten (ul); Ardina Strüwer: S. 37 (oM); Annette Soumillard: S. 40 (Ml, MM, Mr), S. 41 (o), S. 45 (ol), S. 60, S. 61 (o); Alain Laurioux: S. 41 (u); Anne-Sophie Flament: S. 44 (or); Frédéric Chéhu: S. 58 (M), S. 65 (ul), S. 68 (u), S. 70 (M), S. 90 (M), S. 91 (Ml); Florence Toubon: S. 71 (ol, M).

PHONE
Grenet/Soumillar: S. 9 (o, u), S. 37 (u), S. 44 (Mr, u), S. 52, S. 54, S. 55 (ol, M, ur), S. 59 (o, M, ur), S. 72 (M, u), S. 73 (ol), S. 76 (o), S. 83 (ul), S. 92 (o), S. 98 (Ml, M, Mr); Valter Raymond: S. 19 (M), S. 38 (ur); Ferrero/Labat: S. 67 (Ml).

PHOTO12.COM/COLLECTION CINÉMA
S. 58 (ul), S. 64 (o, M, ul, ur).

Die Fotos für die Collage auf dem blauen Pferdeheft, in Lisas Heft (Seite 14) und auf dem Briefkuvert (Seite 49) hat die Autorin zusammengestellt; sie wurden mit freundlicher Genehmigung den Zeitschriften *Cheval Magazine* und *Cheval Star* entnommen.

Lisas Heft (Seite 14 und 15) wurde von Birgit Weber gestaltet.